喜びの連鎖

Pay it forward ～未来へ送る言葉～

小泉早苗

株式会社日本経営センター

目次

目次

等身大の偽りない自分を知り、深めるほどに「喜びの連鎖」が加速する

大人の女性塾「ヴィーナス」代表　小泉早苗

少女だったある時、私はフッと思いました。

「私は生涯、純粋でありたい！」と――。それから大人になっても私は、自分の中の純粋さという説明のしようがない価値を基準に人生の選択をしてきました。

その選択を貫いてきた今、ハッキリと言えることは――その説明のしようがない価値を信じて、その価値を言葉にすることをひたすら探し求めて、諦めず自分と向き合ってきて本当に良かった！　と心から喜べていること。

その喜びが笑顔となって伝わり、私の周りでは「喜びの連鎖」が起きています!!

そして、私が信じてきた価値を言葉にして伝える準備が整った時に、この一冊の本を発行するチャンスがめぐってきました。

信念のもとで起きること全てを受け容れる器を磨き、流れのままに意味を深めて生きていくことは、良いことばかりではなく、辛く悲しく切なく悔しく矛盾を感じることもいっぱいあります。

逆に、いっぱいあるから磨かれます……まさに、感謝です。

全てを感謝の視点で受け容れると、とらわれている自分を水に流す境地となれて、気がつくと周りが認めてくれる自分の器（魅力）となり喜びに満ち溢れ、溢れた喜びが周りに広が

り、喜びの連鎖がはじまります♪

この一冊の本の中には、私がたどり着いた喜びのもとになる価値がたくさん散りばめられています。

登場する一人一人の経験が、この本を読まれているあなたの今かもしれません。

または過ぎ去りし頃のなつかしいあなたかも……。

あなたの未来もあるかもしれません。

いずれにしても、この一冊の本の中に、あなたがいます！

大人の女性塾ヴィーナスでは、２０１０年12月に第1期生がスタートし、２０２０年2月に第21期生が卒塾しましたので、受講生は１４０人ほどとなっております。

ここは、湘南で開催する「自己ブランディングと仲間づくり」を目的とした女性の学び場です。女性による女性のためだけの女子会なのではなく、温かい社会をつくるために分かち合い、支え合い、そして自分の個性を育てていく「大人の女性の学び場」です

実は、大人であることを目指すのが大事なんです。

大人とは、精神的自立ができています。

自分の足でしっかり大地に根づいて立っているので、いろんなとらわれや誘惑に惑わされても、その流れを楽しみながらも自分の足場が崩れたり定位置がわからなくなったりすることがありません。

これが自立というものであり、本当の意味で自由を楽しむことにつながると私は思います。

ですから大人は、子供に自分都合ではなく無償の愛を注ぎ育てることができたり、未来を想い今の豊かさをつなげていく橋渡しとしての役割を自分ごととして捉えることができます。

それから、なぜ女性限定の学び場なのかということをご説明しましょう。

私は男性リーダーを対象とした男性経営者塾も鎌倉で開催していますが、こちらも男性限定ということに意味があり、同じ理由です。

男女ともに人としての権利はもちろん平等ですから、男女差別ということでは全くありません。男女は特徴・役割・思考回路が違いますので、物事の感じ方や捉え方が違います。これはどうすることもできない事実です。それを受容してお互いに心を寄せ合って理解し合い、協力し合っていくのが男女の役割となっているのです。

実は私の中には、男性的な仕事脳と女性的な母性脳が他の人より明確に半分ずつあることを自覚しています。ですので男女の違いについて昔から興味があり、調べていました。一人の人間ということでは道徳的価値で判断されるのですが、その前に男女の特徴的価値の違いが前提としてわかると、非常に物事の解決がしやすいのです。

というこことでカリキュラムに母性を多く盛り込んでおります。

女性の特徴は、存在が太陽であるということ。

太陽の在り方は、明るくないといけないということではありません。自分らしくで構いませんが、その場を潤滑につなげていく温かさや、水のように姿をその場に合わせて変える柔軟性をもちながら包み込んでいく「母の愛」と私は捉えます。

「大人の女性塾ヴィーナス　輝く女性の定義」
自分の輝き方・活かし方を素直に学ぶ姿勢があり、
奉仕の心・自分の美学を貫くためのしなやかさを持っている、
愛をもって自分を受け容れ、人を温かく包み込む、未来への豊かさを育む女性

受講された皆さんはこの学び場を通して、自分を見つめ、そして気づき、自分軸を確立し、等身大の表現をすることで幸せを感じ、周りに幸せを届けています。

そんな〝喜びの連鎖〟の形を見つけていただいてます。

そして、かけがえのない一生付き合える同志となる仲間をつくっています。


この書籍には、本当に様々な女性たちが登場します。ヴィーナス塾での学び体験を経て、自分軸をいかにして持つことができたのかを語っています。

苦しかったこと、素晴らしかった思い出——たくさんの人生ドラマが登場します。

皆さんが輝いている姿をご覧になれば、必ずあなたも自分らしい生き方、働き方のヒントを見つけることができるでしょう!!


そして、私の志に感銘し講座で自分の得意分野の力を全力で発揮してくださる人を魅了する講師陣の皆様には感謝でいっぱいです。

私の真っすぐな想いをいつも受けとめ、心の支えとなり、サポートしてくださっています。

これだけ同じ想いを共有できる講師陣と出会えていることは、私の世に対する使命をあらわしているようで、とても励みとなります。

自立した大人で創りだすクリエイティブなハーモニーは美しく、喜びを生みます。

この講師陣と共に生み出した女性塾ヴィーナスのスピリットは生きて羽ばたき、これからの明るい未来を創造していきます。

この一冊の本に登場する皆さんの喜びの声をご覧いただくことで「喜びの連鎖」があなたにも繋がり、そして未来の豊かさに繋がっていくことを心から祈っております。

関わっていただいている全ての存在に感謝いたします。ありがとうございます。

カバーデザイン／ピースデザインスタジオ

塾生のみなさん

〃偽りない自分〃を仕事でも出していきたいのが女性

田川貴子さん（13期生）

私は、シナリーという化粧品メーカーの代理店「シナリーＨｕｇ」を経営しています。もともとヴィーナス塾の主宰者である小泉さんのお知り合いからセミナーのことを教わりました。うちの会社が化粧品の販売を通して「女性を育成する」「女性の起業家を作る」ということを目標にしていたので、紹介していただけたのだと思います。ヴィーナス塾には、たくさんの女性起業家の方が参加されていたのも興味深いものでした。

私は仕事のやり方について、やはり男性と女性では違いが存在すると思っています。例えば物を販売したりアピールする時、男性は仕事として割り切って行うことができる方が大半です。でも女性の多くは感情の生き物なので、やっぱり気持ちが伴っていないと仕事がうまくできません。偽りない自分の気持ちを仕事でも出していきたいのが女性だと思います。

世の中には、起業の仕方を教えてくれるセミナーというのは数多くあるのですが、女性の内面、気持ちを整えることを考えたものはほかにありませんでした。これもヴィーナス塾に参加した大きな理由です。

セミナーの内容は私の期待した通りでした。

自分との向き合い方、周りとの接し方、そして自分を表現する方法。すべてが女性目線でセミナーが積み重ねられていく形でした。私自身、ヴィーナス塾に参加して、とても気持ちの整理ができたと思います。

一つ一つの言葉も素晴らしかったですけれど、なんといってもその場の空気感が素晴らしいものでした。主宰者の思いというものが常に流れていて、一緒になって自分を見つめなおしていくような貴重な時間でした。

こういう塾がたくさん増えたら、もっともっと男性脳じゃない女性も経営者として頑張れるんじゃないかと思います。私が体験して以来、私の会社のスタッフも毎年受講してもらっています。これから先ずっと仕事をしていくうえでの〝心づくり〟の面をヴィーナス塾に託しているような形です。

帰ってきたスタッフはやはり様子が違います。はっきりと違うというよりは、地味なんですけど、地に足を着けてしっかりやっていく、という気持ちが心に芽生えたことが分かります。土台ができた感じですね。

私は仕事を始めて15年たってヴィーナス塾に出会ったのですが、そこからまた二段ロケットというのでしょうか。さらに仕事の業績を伸ばしていくことができました。

おかげさまで、代理店の成績として全国の伸び率で3年連続1位を取らせていただきました。3年連続というのは、自分で言うのもなんですが、本当にすごいことだと思います。スタッフの皆さんが頑張ってくれてるのはもちろんですが、この場だから言うのではなく、本当にヴィーナス効果と言ってもいいのではないかと思います。

「今を大切に、楽しむ」ことを教わりました

歌代菜津美さん（18期生）

26歳で鍼灸院を自分で開設し、ずっとひとりで働いていました。20代のうちに自分のやりたいことをやっておこう、そんな気持ちで始めたものでした。

その後、28歳で結婚。30歳までは鍼灸院を続けていましたが、子供ができたのをきっかけに鍼灸院はやめ、その後は自宅サロンの形にして、夫が休みの週末に限定して施術を行っています。

現在は二人目の子どもができ、2歳になったところ。子育て中心の生活を送っています。

ヴィーナス塾との出会いは、一人目の子どもが2歳になる前くらいだったと思います。

ヴィーナス塾を卒業された方のご紹介で参加しました。最初は参加者に起業された方もたくさんいらっしゃるということで、将来、鍼灸院をやっていくうえで、どういう風な方向性で進んでいったらよいのかを勉強してみたいという気持ちで参加したと思います。

子どもも幼稚園に入る前で、セミナーに通うなら一緒に連れていける今しかない、という事情もありました。

ただ今思えば、その時期、私は、ちょっと心のバランスを崩していたと思います。

何で自分はもっと頑張っていないのか。せっかく始めた鍼灸院もしっかり続けられず、子育ても夫にいろいろ手伝ってもらっている。もっともっと頑張らなきゃいけないのに、全然できていない。子育てを夫に手伝ってもらうほどに罪悪感のようなものも感じていました。

そんな私にとって、ヴィーナス塾で聞いたお話は、まさに心に刺さるお話ばかりでした。たくさんの素晴らしいお話の中で、私が今でも心の支えにしているのは「今を大切に、楽しむ」という言葉でした。

今を大切にしなさい。ずっと先のことばかり考えているのではなく。今を、目の前のことにしっかり向き合って楽しむことが大切だと。

たしかに私は、「子育てを今後何年も続けなければいけない、将来鍼灸院をどうする？」といった先のことばかり考えて、今を楽しんでいなかった。そのことに気づかされる言葉でした。

今は子育てを全力で楽しもう。そんな気持ちにさせられました。なにかすごく素直な気持ちになれて、涙が止まりませんでした。

それから夫に子育てを手伝ってもらうことも、とても素直に、感謝しながら受け入れられるようになりました。

もちろん今もイライラすることはあります。でも「今を大切に、楽しむ」という気持ちにすぐに戻ることができる。それが素晴らしい心の支えになっています。

ありのままの自分でいい

羽生朋美さん（16期生）

皆さんは一人一人、もともと内側に輝きを持っています。その光を引き出していく。それが私の主宰する「心の癒し　はねとも」で行っている私の仕事です。

例えばすごく落ち込んでいるとか、いつも不安を抱えているという方がいらっしゃいます。でもその方の本来の姿はそうではなく、もっともっと輝いている。それをご本人にお伝えしています。

星からのメッセージをお伝えする「星よみ」や、ひとつひとつその方を思って丁寧にお創りしている「青森ひばのお守り」などを、その方が悩みから解放され、本来持っている本質を活かして前進し、輝いてほしいという思いで行っています。

私は小さな頃からこうした目に見えない世界を感じて生きてきました。人と会うと光のような、その人の本来持っている輝き、素晴しいものをいつも感じていました。でもそんな自分の感覚を、ずっと抑えて生きてきました。もちろん相手にもそんなお話はしてきませんでした。ちょっと怪しいですからね。

それまで私はずっと保育士をしていました。

ただ自分の子どもたちも成長して離れていったとき、自分がもっと社会に役立てることができないか、そんな気持ちになりました。ヴィーナス塾との出会いはそんな時です。

塾に入る前にヴィーナス塾のイベントに参加したことがあります。その時、目に見えないことをお仕事にされている方がたくさんいらっしゃいました。そして他の皆さんを勇気付けていらっしゃる姿を見て「ここだ」と思いました。

ヴィーナス塾で教えていただいた中で一番大きかったのは、「ありのままの自分でいいんだ」ということです。

様々な悩みを抱えている方に、相手の中にある素晴らしい光の部分を伝えてあげたい。ありのままの自分の気持ちに従ってやればいい。そのことに気づかせていただきました。

そう思えた途端、とても自分自身の気持ちも穏やかになって、家族や周りとの関係も変化していきました。たぶん周りにも「貴方もありのままでいい」という気持ちで接することができるようになったのだと思います。

そして家族一人一人の中に見えていた素晴らしい光の部分をストレートに言えるようになりました。その結果、夫、息子、父、母も、それぞれ自分の思いをどんどん形にするようになりました。

主人も木工作家になり、父も80歳過ぎてつい最近判子作家になりましたし、夫の母は75歳からトールペイント作家となり、わたしの母は76歳から介護施設でコーラスのボランティアのリーダーを始め、その後その施設で働いてます。息子は、自分の得意分野を社会に活かせるように勉強中です。

それぞれ本当にやりたかったことをどんどん始めるようになりました。

自分を認めてあげよう

中山恵さん（19期生）

ヴィーナス塾との出会いは卒塾生の方から紹介していただき、様々な偶然が重なったご縁からでした。

早苗さんにお会いしヴィーナス塾の理念を伺い、これからの私の人生において大切な機会になると思い、参加致しました。

それまで自分のことは後回しにし、家族を優先にしていた私は心が満たされている状態ではありませんでした。思えば……そうすることで何も無いと感じていた私は自分を見つめることから逃げていたのかもしれません。

その中で、塾の第一回目のテーマでありました『ねぎらい』がとても印象に残っています。まず、自分を認め、愛し、満たしてあげる。自分が満たされていない状態では家族や誰かを満たすことはできません。自己犠牲と思い込んでいた中からは何も生まれないことに気づいたのでした。

過去を振り返り今の自分をみつめ、これからの人生をどう生きたいのか……どのような自分になりたいのか、12の講座を受け自分の内面と向き合うとても貴重な時間でした。

数年前に天然石を用いて紐と紐を結ぶことで装飾が生まれるマクラメアクセサリーに出会

い、その美しさに惹かれマクラメ編みを教えているさまざまな教室へ学びに行きました。

当時は編むことが楽しく時を忘れるほど夢中になり、いつしか編む行いに癒され『無』になる、瞑想であり祈りのような深い時間となりました。編むことは自分を認め満たし、自分らしくいられるための行いであると感じました。

自然が生み出した天然石の輝きと組み合わせたマクラメアクセサリーを身につけていただけることで、お護りになり自分らしさを表現できることを願い制作活動をしています。必要としている方のお役に立てることが喜びであり、幸せを感じます。

女性の源から始まった講座は回を重ねるごとにとても魅力的な内容であり、同期の仲間と共感共鳴し、時には涙ありの素晴らしい時間であり、気付きや学び、心の成長を感じ自分軸が明確になりました。

たくさんのご縁や学びの場を与えていただいた小泉早苗さんに心より感謝いたします。

自信がなく、迷ってばかりの毎日でした

笹島真弓さん（20期生）

現在、私は組織の中で、ケアマネジャーの管理者の仕事をしながら、独立したいという夢を持っています。

「自ら発信し動く」という、一歩踏み出す力を与えてくれたのが、ヴィーナス塾でした。

ケアマネジャーという仕事は、人の話を聞くという側面が大きい仕事です。話を聞いて、とにかく相手の方の気持ちに寄り添っていくことが大切です。

そんな仕事を続けながら、実は私自身は悩みを抱えていました。何かいつも自分に自信がなくて、人の意見ばかりを聞いて、皆が私のことをどう思っているのかな？　と、いつも人の目ばかり気にしていました。他人の目が怖いし、人前で喋るのも苦手だし……。

家庭では母であり妻で、会社では社会人と役割がいくつもある中で、私はいつも迷っていました。この決断で良かったのか、と。人のこと、人の気持ちばかりを考えて、自分のことが疎かになっていた部分もあったのかもしれません。

そんな私にとってヴィーナス塾の経験は大きな驚きでした。何かすべてのお話が自分のために用意されたものなのではないかとさえ感じました。

講座では、母親との関係にも触れられていました。母の思いを受け入れることの大切さもそこでは語られていました。私の母はいろいろな人に対してとにかく施しを与える人で、

「人のことばかり」と、私はそんな母に少し反発を感じていました。

でもお話を聞いているうちに、母への気持ちも大きく変わっていきました。

「女性のこころとからだ　自分自身を知る」という講座に参加した後のことです。講師のいわぶちさんからお手紙をいただきました。そこには「自分の意思でここにきたんだから、その気持ちを大切にしなさい」と書かれていました。

迷ってばかりの私に、貴女は貴女のままでいいんだよと言われたようで、涙が止まりませんでした。

講座の回を重ねるごとに、自己肯定感が上がっていくような感覚でした。私はこのままで良いし、ダメな私も、良い私もせっかちな私も全部○で良いと。どれもダメじゃないから、自分が自分を認めてあげなさいというか、人の目じゃなくて私が私を認めてあげたら良い、そんな大切なことに気付かせてもらった気がします。

自分の事業所を立ち上げる。初めて本当にチャレンジしようという気持ちになれた、違う世界に行くきっかけを与えてくれたのもヴィーナス塾だったような気がします。

ここに参加している人達はすごくポジティブに未来に向けてのお話をするので、私もそれに触れワクワク感が止まりませんでした。楽しくて楽しくて、こういう世界があったことを知ったおかげで仕事をやっていてもまったく疲れません。

今までも忙しくてパワフルに動いてきたのですけど、もう疲れない。毎日が楽しいし、充実しています。やることがいっぱいあっても、疲れたっていう言葉は一切思い浮かばないですね。

ヴィーナスの仲間が広げてくれた『私の仕事』

高橋ふみ子さん（5期生）

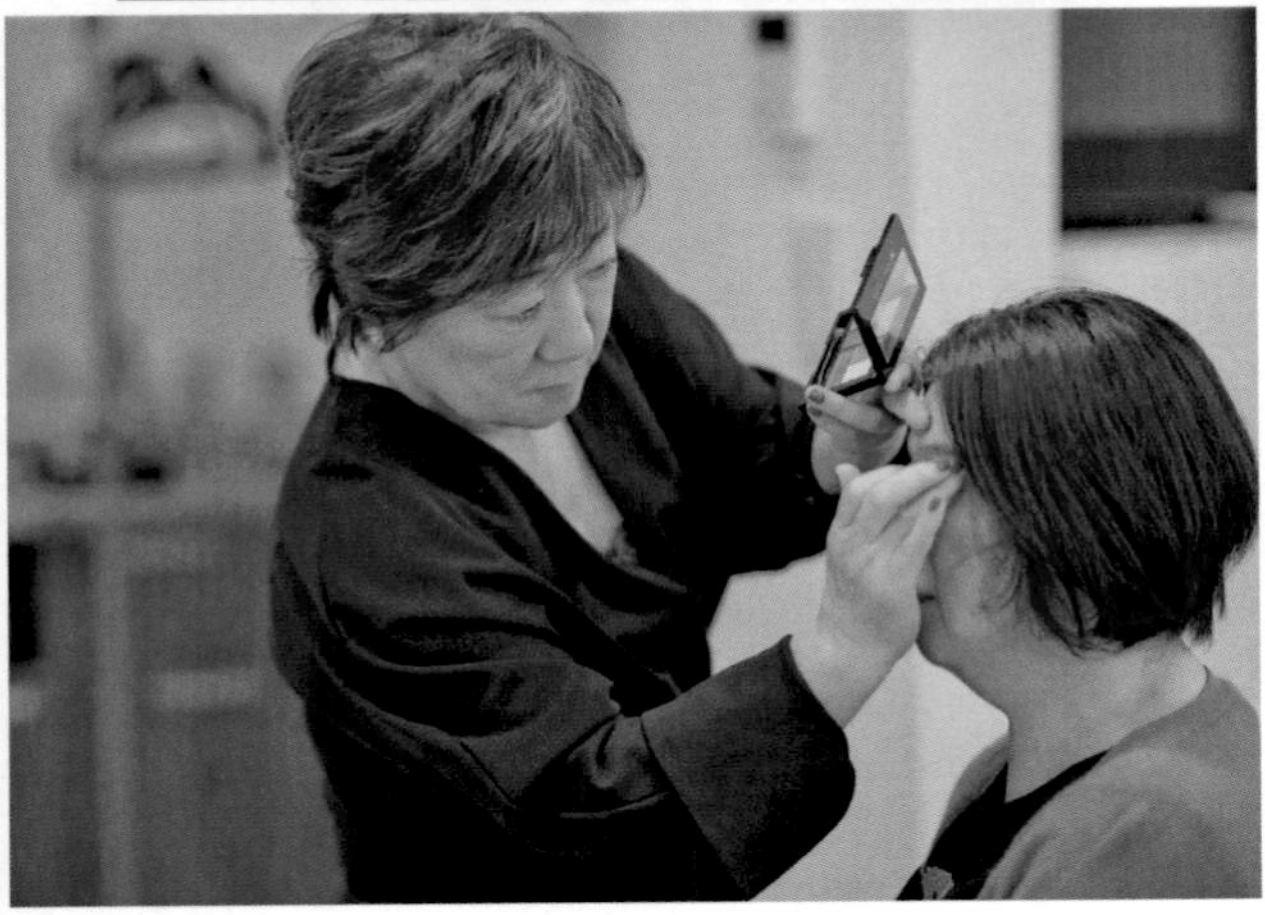

現在、神奈川県厚木市でトータルビューティーサロンを主とする、美容・健康事業の経営をしております。『美は健康からをモットーに』の元、たくさんの女性の応援をしております。

美容の世界と携わり一筋44年。東北出身の私は美容家・山野愛子先生の技術を学び、宮城県でエステサロンの経営をしておりました。

その後、主人の仕事の関係で厚木市に越してきました。その頃には、仕事も辞めてゆっくりしようと思っていたのですが、そんなタイミングで東日本大震災が起きたのです。

自分の育った土地が、親戚が、友人が、犠牲になった現実に、『生かされている自分がこのまま何もしないでいいのか』と考えるようになりました。もしこの震災がなかったら、私は何もせず好きなことをして人生を終わらせていたでしょう。

しかし震災をきっかけに、もっと頑張らなくては！ 世の中を見たい！ 人を元気にしたい！ という気持ちが湧いてきました。私が55歳の時です。

馴染みがない厚木で何ができるのか？ 55歳でも何か始められるのか？ とにかくもう一度勉強をしてみようと思っていたタイミングで、ヴィーナス塾に出会いました。

ヴィーナス塾には仕事をなさっている女性の方が多く参加されていて、私は当時専業主婦でしたが、ヴィーナス塾の方々との出会いが現在の私の仕事に繋がっていると思っています。第5期生で8名の女性と出会いました。「高橋さんがやるなら一緒にやろうよ！」と、あらゆる形で応援してくれました。仕事のアドバイスはもちろんですが、様々なコミュニティに私をつなげてくれたことは大きな財産です。

私は今まで自分で仕事をしてきたので、会社に所属し勤める経験がなかったのです。いつもお山の大将。しかし、ヴィーナス塾には同じ目線の方々がたくさんいらっしゃるし、年齢も様々。仲間同士だからと思い遠慮なしに言った言葉で、逆にボーン！　と言われたり、「女性ってこうやってくるんだ‼」という女性の難しさも学べました。女性相手の仕事ですので、本当にいい勉強ができたと思っております。

今、大成功とまではいかないですが、無事にやってこられたのはこちらでの学びが大きかったと思います。『一人の力はたかが知れている』自分だけでやってきたという勘違いに気が付かせてくれたのもこの場所でした。

さらに何より大きかったのは、今を生きる女性たちはどのように頑張っているのか。どうやって生きているのか。皆さんの前向きな姿を見て力をいただきました。年齢は関係ありません。

広い視点を持ち続けることが大切なのだと思います。

「本当にやりたいこと」を実現する大切さを教わりました

高見澤能子さん（4期生）

私がヴィーナス塾と出会ったのは、3店舗目のお店を出したいなと考えていた時期でした。それまで、お好み焼き屋とラーメン屋のフランチャイズのお店を2店舗経営していました。でもそれは、決められたパッケージの中で自分の個性を出せなくて、本当に自分がやりたい店とは違う！　いつもそんな風に考えていました。

ただ正直なところ、その当時は夢の段階で、漠然とした気持ちだったと思います。

ヴィーナス塾へは、最初「絶対いいから！」と小泉さんに勧められて、お付き合いの気持ちで参加した感じです。ただ、「どうせ参加するならきちんと何かを得よう」という意識はありましたので、休まず参加しました。

ヴィーナス塾で私にとって一番大きな収穫となったのは、たくさんの同期の仲間ができたことです。

ヴィーナス塾の話をきっかけに、私自身のこと、夢を実現する方法などいろんなことを考えるようになって、起業などもされている多くの女性の仲間ができて、その中で自分も「絶対やろう」という気持ちになることができました。

先ほども申し上げた通り、私は3つ目のお店として、自分が本当にやりたいお店を「いつかやりたいな」と考えていました。しかしヴィーナス塾でお話を聞き、仲間になった方たちの姿を見ていると、いつかではなく、「すぐに始めよう、絶対にやれる」そんな気持ちになることができました。

夢を実現させるためには、具体的にはどうしたらよいのか。それもヴィーナス塾が教えてくれたことです。

まず動き出すこと。やらなくてはならないこと、やりたいことを整理して一つ一つ具体的にしていくこと。どんなお店に何を置いて、どんなお客さんに来てほしいのか。ただの夢から一歩踏み込んで、意識が大きく変わったんだと思います。

意識が変わると、不思議なことに出会いがありますね。

旅先で行こうと思っていたお店が満員で、偶然違うお店に入ったところ、私の理想と思えるような陶器がそこで使われていたんです。そのご縁で窯元の作家さんともお知り合いになれて。こんな陶器を置けるようなお店の物件を頑張って探そうと思った途端に、まさに理想の素晴らしい物件が空いたり。引き寄せというか、小泉さんの言葉を借りれば「ヴィーナス効果」というもののようです。

念願の3つめのお店の開店は2020年春。アートと食の融合スペース「楽」です。新型コロナの影響で大変な状況ではありますが、ヴィーナスの仲間たちがどんどんお客様の輪を広げてくれて、お店は素晴らしい方向に向かっていると感じています。

今は私の人生のリスタート。最初にお店をやった時のようなワクワクした気持です。頑張らなくてはという気持ちも改めて持つことができました。これも世の中にはいろんな頑張っている女性がいる、そのことを分からせてくれたヴィーナス塾のおかげだと感じています。

私は人の心をケアしたい、と
はっきり確認することができました

竹内美由紀さん（15期生）

私は現在、人の心のケアを行う仕事をしています。占い鑑定を通して行うもので、「カルムパーム（CalmPalm）」という名で行っています。クライアントには自宅に来ていただいたり、カフェに行ってそこで見させていただいたりしています。

もともとはリンパマッサージの仕事をしていました。結婚し、出産し、子どもたちも小学校に入り落ち着いてきた時期に始めたものです。

ただ多くの方の身体に触らせていただいているうちに、クライアントの皆さんが身体の不調と同時に、私に心の不調を言うようになってきたんです。私もこうした方々の心の部分に手を差し伸べたいなと思うようになって、手相や風水などいろいろな勉強をした結果、今は占い鑑定がメインの仕事になりました。

ヴィーナス塾との出会いは、友人が参加していたイベントに遊びに行ったとき、小泉さんと知り合い、誘っていただいたことがきっかけです。

最初は女性経営者が切磋琢磨するような場所は私など敷居が高いとも感じていたのですが、当時私は迷っていたのだと思います。私は本当は身体がやりたいのか、心がやりたいのか、どっちなんだろう？　って。

当時は、身体のケアも、スピリチュアルの方も両方勉強していました。本当にブレていた時期でしたので、もしかしたらこれは良い機会なのかもしれない。せっかくチャンスをいただいたし、やってみようかなと受けさせていただいたというのがきっかけです。

偶然の産物なのですが、ヴィーナス塾は同じ期に、同じような境遇の方が重なるという傾向があります。あるときは起業家の方が多く集まったり。私の期もまさにそうで、スピリチュアルな仕事の方、身体を治す仕事の方など同じ志を持った方がたくさん参加されていました。

毎週いろいろなお話が聞けて、毎回毎回新しい発見がありました。そして最後は非常に親しい仲間になったその方たちの話も聞き、私自身の話を聞いてもらいました。そして私が思ったのは「私は心の方のケアをする、したい！」ということでした。本当に自分の望むことをしようと。

講座では、声診断やマヤ暦などスピリチュアルな内容を取り入れたお話も用意されていました。こうしたお話を聞きながら、「あ、これが私の世界だ」「ああ、私はこれがやりたかったんだ」と思えたのも大きかったと思います。

私がやっている「カルムパーム」というサロンは、五感を研ぎ澄ますというのが大切なキーワードになっています。これは塾に参加していたとき、いつもいろいろ話を親身に聞いていただいた小泉さんからいただいたアドバイスがもとになっています。

はっきりと自分のやりたいことが分かってからは、お客さんから「顔つきが変わったね」と言われます。私は全然意識はしてないのですが、何かすごく楽しそうにやっているように見えるそうです。うれしいですね。

心の蓋がパカンと開いた！

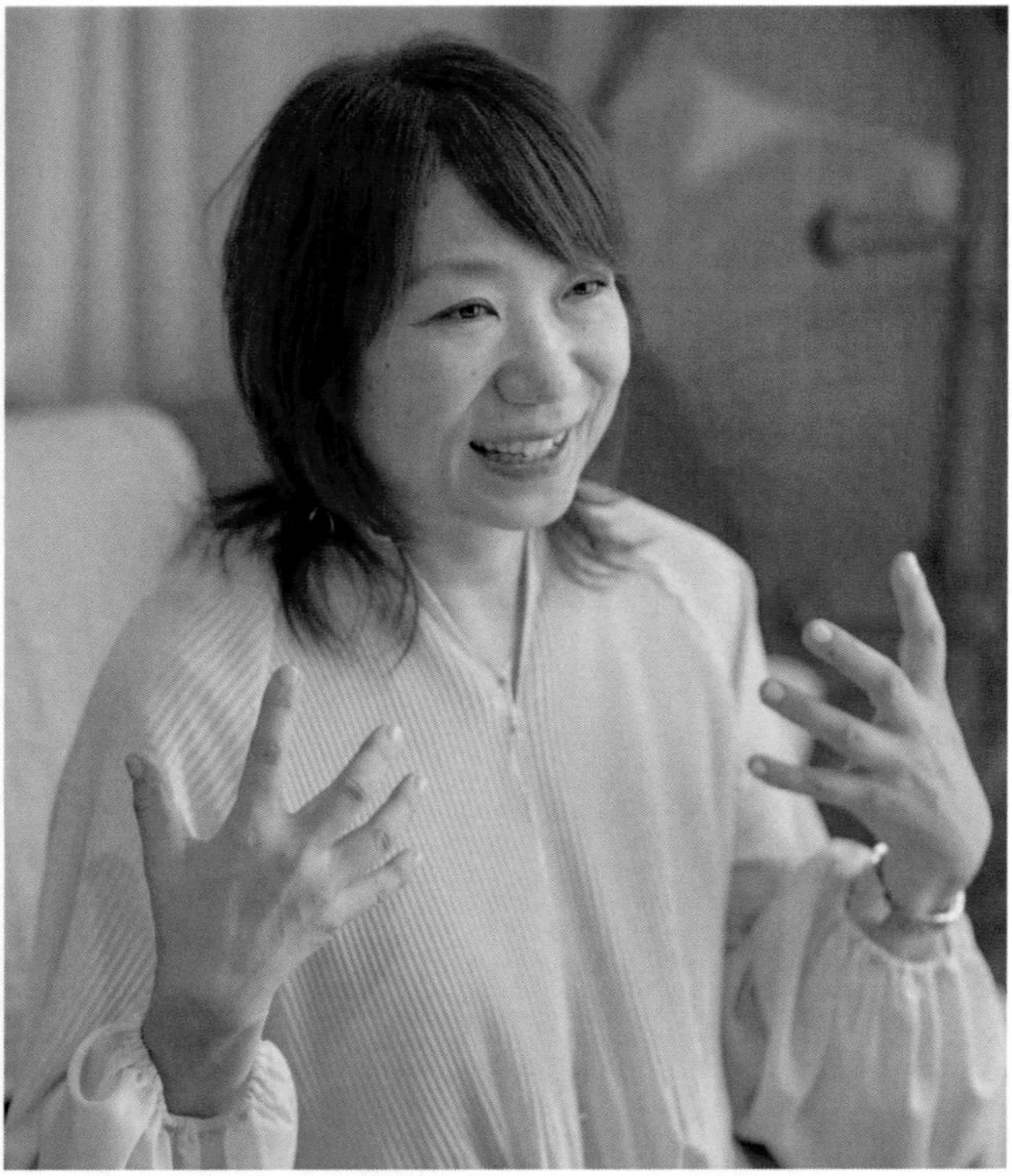

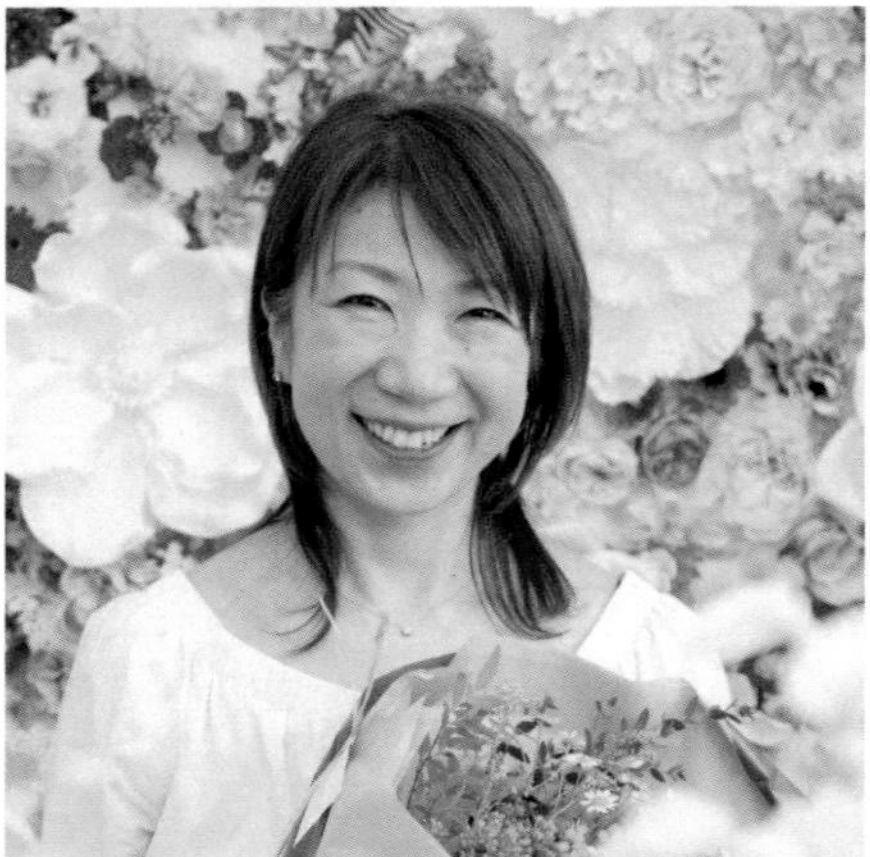

藤本直子さん（17期生）

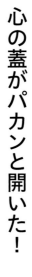

私は現在、歯科衛生士の仕事をやりながら、心と身体をクリアにするお家カフェと、スマイルトレーナーというものをしています。

私はつい最近まで、心に重い蓋をしたような生活をしていたと感じています。

高校時代は自分にコンプレックスがいっぱいあって、いろいろなことにも悩んで、一時期笑顔が見せられないときもありました。スマイルトレーナーになったのは、こうした自分を救ってくれる方法に興味を持ったのがきっかけでした。


私はとても古い考え方をする家庭で育ちました。女は勉強しなくていい。いらない知恵を付けたらダメ。男の人のサポートをするのが女の役目。そんな考え方でずっと育てられました。

今思えばひどい話だと思います。私もずっと違うなとは感じていました。でもいつの間にか自分の心に蓋をして、感情も抑えるようになっていました。高校の時に笑えなくなってしまったのも、一つにはそんな家庭環境が原因だったのかもしれません。もちろん大人になっても自分がなく、当然自己肯定感を持つこともできませんでした。

それは結婚してからも変わりませんでした。夫のためにいつも何か役に立ちたい。でも何もできていない。夫からもサポートは求められない。次第に私は何のために結婚したんだろうと思うようになりました。自分の立ち位置も分からず、気持ちもぐらぐらしていました。その後、夫と話し、1年間別居してお互いにこれからのことを考えようという話になりました。「寂しいからいやだ」という夫を説得して始めた別々の生活でした。

ヴィーナス塾に出会ったのはまさにそんな時期でした。初めてここの話を聞いて、その内容を知った時「絶対に参加したい。この話は私のためにある」そう感じました。ぶれない自分の軸を持つこと。自分を認めてあげること。そんな話を聞かされ、もう私は毎回、周りが引いてしまうほど大泣きしていました。

自分の気持ち、本当に心の底から自分が求めていることに目を向けて、自分の心のデザインをすることが大切。自分の気持ちにずっと蓋をしてきたものがいっぱいあるなら、まず蓋を外すところからだよと先生方は教えてくれます。でもその大切さが分かってもずっと幼少の頃から心に蓋をして生きてきたので、いったいどうやったら蓋が開くのかが分かりませんでした。だからずっと泣いていました。

1年後、夫との生活が再び始まりました。私の判断です。まず私が幸せになること。そうすれば夫を幸せにすることができる。だから夫と別れるのはいまではない、もう一度力を合わせて頑張ろう、そう感じたからです。

しかし、すでに夫の気持ちが離れていました。そして離婚。とにかく落ち込みました。生きている理由が分からない。もう死んでもいい。そんな風に思ったとき、はじめて心の蓋が開きました。死を考えた途端、今まで恥ずかしいとか建前とか世間体とか母のこととか、そんな自分を縛る呪縛の存在に気付きました。そしてもう思い通りにやろう。そんな風に思うことができた。

心の中に、ずっとヴィーナスで聞いた先生の言葉があったのだと思います。だから踏みとどまれた。自分の考えで生きればいい。自分のやりたいことに目を向けて。今やっと自分の人生にリスタートがかけられたと思います。

自分の軸を持つこと。
これは自分を「ねぎらう」ことから始まります

村杉あおいさん（13期生）

私は現在、個人事業主さん向けに、パソコンの指導から始まり、開業アドバイスや集客の部分までお手伝いするようなサポート業を行っています。

もともとリクルートにいて、ずっと大企業の求人広告を作っていたのですが、その後退社し、経営コンサルの会社などを経て、今の仕事をするようになりました。

ヴィーナスさんとの出会いは、私がこの仕事のかたわら立ち上げた「おうちサロンマップ」という女性起業家のコミュニティが縁でした。

参加メンバーを集めていたところ、「ヴィーナス塾にたくさんいるから、一度説明に来てみたら」とご紹介いただいたのがきっかけです。その流れで塾にも参加することになりました。

ヴィーナス塾に参加して大きく変わったのは、人脈が一気に広がったこと。そしてコミュニティの運営者として、自分だけでなくメンバーの利益も考えながら仕事を進めていく、という視点を持たせてもらったことだと思います。

それまでの私は一匹オオカミ的に仕事をしている部分があったのですが、ヴィーナス塾のおかげで、仲間をたくさん作って、そこでやっていくということに目覚めたという感じです。

それと、お客様一人一人の顔を見ながら本当に相手に役立つことを提供していくような仕事がしていきたい、そんな自分の気持ちを改めて確認することもできました。

セミナーの中でとても印象的だったのは、最初にお聞きした「ねぎらい」についてのお話でした。自分をねぎらう。自分をねぎらい、満たされれば、それがシャンパンタワーのように落ちていって、どんどん下のグラスも満たしていくことができる。

だからまずは自分をねぎらって、近しい人、家族をねぎらって、職場の人や上司、部下をねぎらって、結果的にみんなの気持ちが満たされていく。この「ねぎらう」大切さも教えていただきました。

私は個人事業主のみなさんのお仕事を広げるために色々なイベントをやったり、コンテンツを作ったりしていますが、こういうお仕事って、自分の軸を持っていることがとても大切なんですね。自分の軸を持っていて初めてお客さんにもいろんなご提案ができる。そしてお客さんにも自分の軸をしっかり持ってもらうことで、ビジネスがその人のスタイルで広がっていきます。

そのお手伝いをするということは、まずお客さんに軸を持ってもらうということが出発点になると感じています。その軸を見つけるために、まず自分を「ねぎらう」。つまり自分を認めてあげるということはとても大切なことなんです。これは全部ヴィーナス塾で教わりました。

お手本になる方も塾にはいっぱいいらっしゃるので、今でも関係がなくならない。これもすごいことだと思います。

ヴィーナス塾がもたらしてくれた仲間との出会い

林のり子さん（14期生）

ヴィーナス塾との出会いは、まさに縁としか言いようのないものでした。私はもともと東京生まれ神奈川育ちですが、約30年前に結婚して、京都に住んでいました。その後、離婚をし50歳になった時、神奈川の実家に住む母が介護が必要になり、神奈川に戻ってきました。実家に帰ってから知り合いとなった友達が参加していたイベントが小泉さんの主宰していたもので、そこで初めて小泉さんに出会いヴィーナス塾の資料をいただいたのです。

ヴィーナス塾に誘っていただいたのですが、母の介護で開催される時間に参加することは難しく、お金もかかるので諦めていました。

でもセミナー開催が迫った日、母が転んでしまって入院することになり、突然自分の時間ができたのですが、お金はどうしようと思っていたところ……。

箪笥の引き出しを開けたら、そこに見覚えのない封筒がありました。驚いたことにそこにお金が入っていたのです。片づけた覚えもないお金です。その瞬間、もう行くしかない！と思いました。30年ぶりの実家暮らしで、知り合いもいなくて、家族以外の人と話したい！という気持ちがありました。

京都にいる当時はフルタイムで働いていて、毎日が充実していました。辞めて実家に戻ってきてから30年ぶりの母との生活はお互いに気を使い、他人行儀で、慣れない土地、慣れない介護、友達も1人もいない状況。

フルタイムの仕事から突然の1日中家にいる生活、いつ終わるかわからない介護。仕事をしてる時より体は休まってるはずなのに終わりが見えない生活に疲れていて、今後、仕事とかできるんだろうか？　と焦る気持ちでいた時に小泉さんからのヴィーナス塾へのお誘いは天の助けのようでした。


ヴィーナス塾に参加して得ることのできた一番大きなものは、仲間です。

講座の中で、お互い自分の今までの人生のストーリーを開示しあう時間があります。家庭のこと、親子関係や夫婦関係のこと、介護のこと、持病の告白など、信頼できるメンバーに安心な場所でお互いのことを開示しあった後は、初めて会った同期生なのにこれからの人生もお付き合いしていきたい大切な人になっていきました。

各講師の方々の楽しい講座を受講していくと、介護生活の中で気持ちが落ち込んでいた私はどんどん本来の自分をとり戻していきました。


その後私は「カフェを一緒にしない？」とお誘いをいただき、大切な仲間3人で「開運カフェ・ピースな時間」をオープンしました。素人の50代後半の女性3人がカフェをやるという無謀で安易な計画。楽しさと不安と迷いの繰り返しの開店前。そしてお店をオープンしたら、ヴィーナスの同期生の方はもちろん、先輩の方々や後輩の方々が最初のお客様になってくれて、イベント出店も手助け協力をしていただきました。

ヴィーナス塾の凄いところは同期生だけではなく、先輩、後輩とも付き合いや協力ができるところです。小泉さんが他の期の方々と接点ができるように配慮してくれていることがありがたいのです。これからも、ヴィーナス塾生でいろいろなコラボが楽しみです。

たまたま友達のイベントに参加したことからのヴィーナス塾との出会いでしたが、偶然とご縁に心から感謝しています。

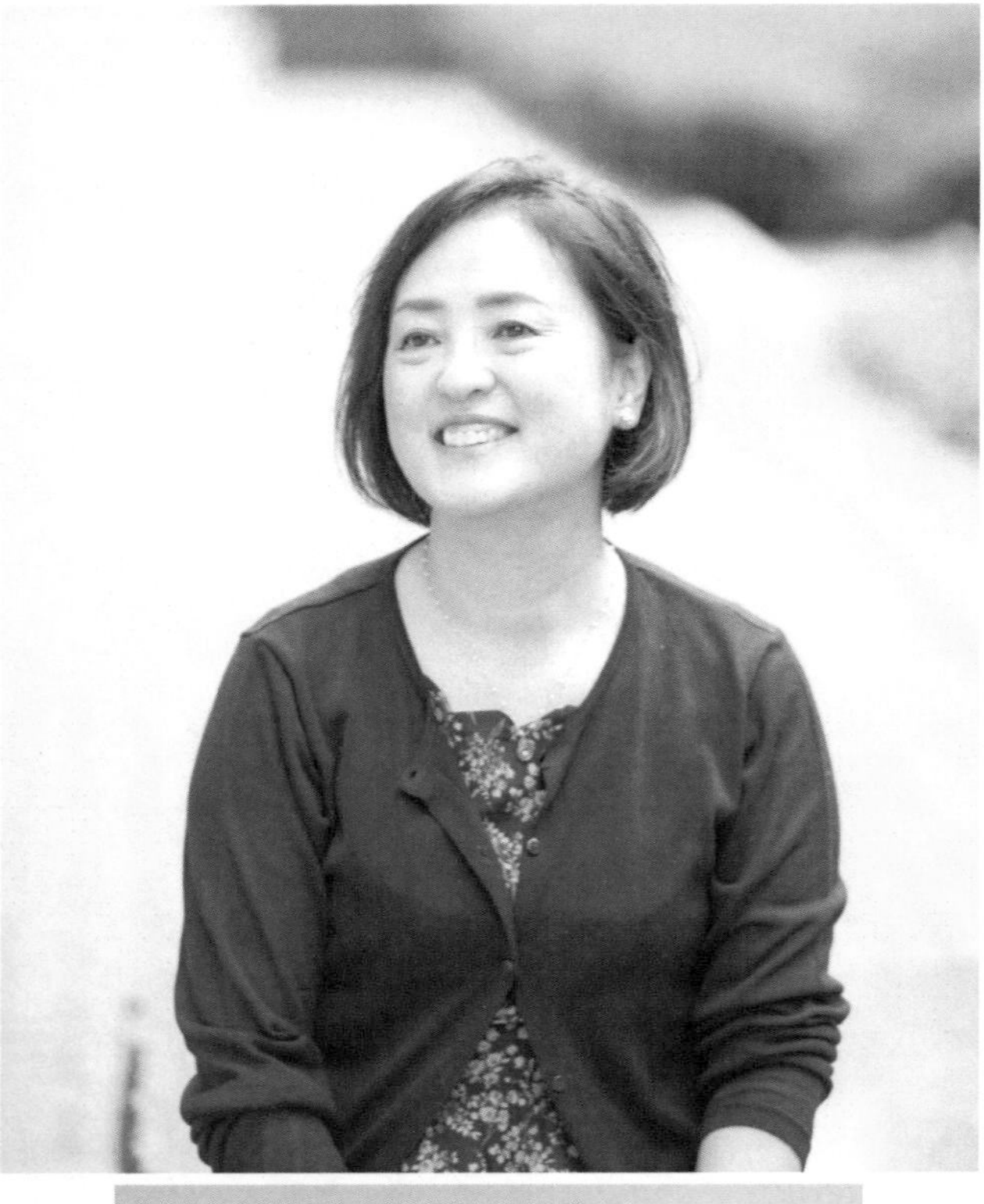

愉しむことの大切さを教えてもらいました

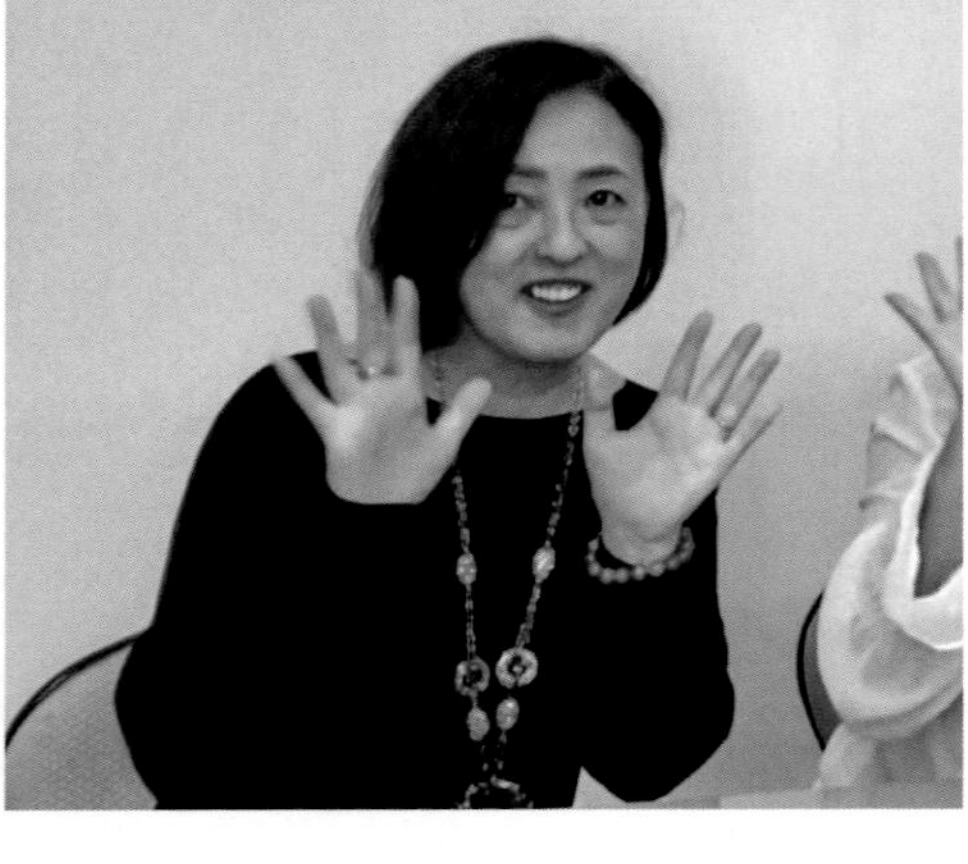

濱口千春（17期生）

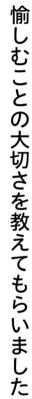

私は出版社で働いていましたが、夫の中国への駐在が決まり、帯同することになり出版社を退職。

先に語学研修のため、夫が中国へ渡航。私も半年後に渡航するための準備に入り、その時期に知人の紹介で２０１７年10月から17期生として、ヴィーナス塾に参加させていただきました。

実際に参加してみて私が最初に感じたのは「場違い」という想いでした。

参加されている他の方々は既に起業され肩書があるのに、私だけが主婦で名刺さえない。

今の私には「何もない！」。

今から起業するわけでもなく……ただ中国渡航までの数ヶ月間、会社以外の「人」との関わり、「人」との新しい出逢いがあればと気楽に参加した私には、最初の名刺交換が苦痛でした。


こういう状況での始まりだったので、12回のセミナーでは逆に何かを得なければと気負っていました。

でも特に目的もないから、何をしていいのかも分からない。

私はいったい何をしたいんだろう。

そんな気持ちの私に講座の中で話される先生方の言葉にも疑問符が付くことも多々ありました。

私は無理にでも何かをしなければいけないのか――。

そんな気持ちを救ってくれたのが、最後の未来計画発表の主宰者の早苗さん（小泉さん）との面談時の言葉でした。

「千春さんは中国をとことん楽しむということで、いいんだよ！」と。

私はその言葉を聞いて、すごく気持ちが楽になり、気持ちに折り合いをつけることができました。

この数ヶ月のヴィーナス塾に参加せず、そのまま中国に行っても、そこそこ楽しい生活が送れたと思います。

しかし早苗さんの言葉のおかげで、私は中国生活に向け、「中国で愉しむこと！」へ、もう一歩踏み込むことができました。

とことん中国の生活を楽しむためにはどうしたらいいのか。

そのためにはまず中国を知ること。中国を知るためには歴史、文化、生活を学ぶ。そんな積極的な気持ちになることができました。

気持ちの変化は連鎖を生みます。

中国の文化には中医学、薬膳料理、薬膳茶、中国茶作法、中国結び、書道、農民画があります。

文化を知るというテーマを強く思ったとたん、目の前にやりたいこと、やらなくてはいけないことが次々に生まれ、調べ物に熱中しているうちに日本での時間はあっという間に過ぎていきました。

情報を収集し、中国での生活が始まったら直ぐに動けるように準備万端で中国へ渡航しました。


最初の赴任先は上海でした。

引っ越し荷物の片づけが終わり、準備していた資料を元に一番興味があった語学と料理について動きました。動くにはバス、地下鉄を使います。

地下鉄に乗り一駅ごとに下車し、古き良き中国の街を散策しながら学びの場を探しました。

中国語と点心を習うことにし、点心が終わると中国家庭料理、薬膳料理、中華スィーツ、薬膳茶、中国結びを上海で学び、北京では農民画を学びました。

中国の人たちに触れることで生活はもちろん中国語を学ぶことができました。たくさんの現地の人と知り合い、友人も増え学んだ結果、薬膳茶養生師の認定証をいただくことができました。

自分のやりたいことをどんどんやっていく中国の人たちの姿を見て、肩書（名刺）なんて関係ない、そんな気持ちになることもできました。

短い上海、北京での生活ではありましたが、中国での生活で改めて「中国」を学ぶことで、「日本」を知ることができました。

今後は、この中国での「学び」と「ご縁」を活かし、中国と日本の架け橋になるような活動を行っていきたいと思います。

私にとって……ヴィーナス塾での時間は中国生活を愉しむきっかけとなった場でもあり、駐在生活を終え帰国した「今」あるいは「これから」の人生のための時間だったと思います。

大きな安心を与えてもらいました

岩本美佳さん（18期生）

10年前まで、認知症だった母の看病を中心にした生活を長い間送ってきました。仕事も母に何かあった時にすぐに駆け付けられるよう、時間の自由が利く保険の営業の仕事をしていました。

この営業の仕事は母が亡くなってからも5年ほど続け、今はフルタイムで店頭でのお茶の販売をしています。

母が亡くなってから自分を振り返った時、このままでいいのか？　と考え今の自分を変えなくてはいけないと思っていました。

ヴィーナス塾との出会いはそんな時期でした。塾の卒業生の方とあるセミナーで知り合ったのがきっかけで、主催者の小泉さんとお話し、その明るいキャラクターに引き込まれたような形でした。

塾には本当にいろいろなメンバーがいて、それぞれが自分の生い立ちを皆の前で話し、私も自分のことを全部皆さんに聞いてもらいました。そういう時間を持ったことで、同期生の絆は本当に強く、今でもお付き合いしています。同じ目線の付き合うことができる仲間が作れるというのは、たぶん他ではありえないことじゃないかと思います。

塾のセミナーで私が得たのは「安心」でした。セミナーの回数を重ねるごとに、次第に「自分のままでいいんだ」と言ってもらっているような気持ちになることができ、それが大きな安心につながりました。

今までの「何かをしなくてはいけない」という気持ちが解きほぐされていって、無理に何かをやらなくてもいいんだ、という気持ちになることができました。前は「ああしなきゃ、人から見られているからこうしなきゃいけない」といつも考えていたのですが、それも考えなくなりました。

世の中には、「今の自分でいいの？」「変わらなければいけない」という教え、セミナーのたぐいはいっぱいあると思うのですが、「変わらなくてもいい」「今の自分でいい」と言ってくれるヴィーナス塾の教えは、大きな喜びを与えてくれました。

今の自分でいい。そんな安心感は、優しさにも通じているように思います。

ヴィーナス塾に通うようになってから私の父への思いも変わり、それまでわりと父を否定していたところもあったのですが、その関係も少しずつ変化しました。

自分を認めた分、父も同じ人間なんだと思えるようになりました。

そんな私の変化を見て、父も「自分もちょっと素直に考えてみようか」という気持ちになってくれたのかもしれません。これまで厳しかった父の言葉も変化し、今は何でも言い合える関係になっています。

「ねぎらい」の大切さを学びました

小野恵子さん（11期生）

ヴィーナス塾に入ったきっかけは、本当に偶然でした。

今、私は輸入雑貨の店に勤めているのですが、ヴィーナス塾の先輩のお店でのライブ会場にヴィーナス塾の手書きのチラシが置いてあって、それがすごく気になって連絡を取ったのが始まりです。ヴィーナスという名前もとても心に響く感じがありました。

何の予備知識もなくセミナーに参加したのですが、最初はとても驚いたのを覚えています。最初の講座から「ねぎらい」という、普段あまり使わない言葉について学ばせていただいたんです。お話をお聞きすると、確かに「私はいろいろな方にねぎらってもらって生きている」と感じました。

そして、その感謝の気持ちをまず、私が働いているお店のオーナーに伝えました。「いつも、ねぎらっていただいてありがとうございます」と。そうしたらオーナーからもすごく優しい言葉が返ってきました。「小野さん、いつもお店のために頑張ってくれてありがとう」って。その時、近くにいる人をねぎらう、というのはこういうことなのかと初めて分かったような気がしました。

ヴィーナス塾で学んだもう一つの大きなことは、〝自分の質〟を上げること。

今まで自分流で生きてきましたが、そこにプラス、すべての質を上げるというのでしょうか。笑顔だったら笑顔の質を上げる。生き方だったら生き方の質を上げる。質を上げることで花を咲かせて生きることができる。こんな考え方を学ぶことができたのもヴィーナス塾でした。

ヴィーナス塾をきっかけに始めた活動もあります。

「めりたこなこ」という、夜の大人のデイサービス（笑）などと呼ばれている活動です。みんなで9のつく日の夜に集まって手芸・クラフト（9のつく日はクラフトの意味なので）を楽しむ会です。以前は無償で友人と手作りを楽しんでいました。

でも、ヴィーナス塾で「あなたは、そうした活動を通してお金をもらう経験をしたら？」というアドバイスをもらいました。あなたはそれで良いかもしれないけど、無料で道具や素材を使うことは、みなさんにとって、かえって心苦しいもの……今までの私になかった視点です。

自分の中には、好きなことをやってお金をもらうといった発想自体がなかったので、お金をいただく体験に落とし込むまでちょっと時間がかかりました。

もちろん、お金をもらうこと自体が目的ではありません。

自分の本当にやりたいことを具現化する。夢を叶えていくためには、人に納得してお金を支払ってもらうという考え方も経験もしておくべき。そんな考え方です。私にとっては新しい世界に一歩踏み出す貴重な体験でした。

今は私に100円、社会貢献に100円、材料費に100円の合計300円をいただく形で、10人以上の方が集まって、もう5年以上活動を続けています。

「ありのままの自分」を絵で表現できるように

奥田みきさん（18期生）

ヴィーナス塾に入ったのは、主宰者の小泉さんが私の描いた絵を気に入ってくださったのがきっかけです。

絵を描きだしたのは今から5年くらい前のこと。学生時代に絵が好きでずっと描いていたのですが、絵を職業にすることはなく、家庭に入って主婦をしていました。でも子育てが終わって、子どもを通した知り合いとも少しずつ疎遠になり、だんだん一人になりつつあった時期。何かしたいな、と思ったときパステルアートと出会い、また絵を描きたいという気持ちになって始めたものです。

私の絵には、常に光が描かれています。心の中を絵に表現する時、常に光が思い浮かんでくるんです。そこには迷いをふりきった、いちずな想いや未来への希望を込めて描きます。そんな想いで絵を描いた途端、小泉さんの目に留まりました。引き寄せって本当にあるのだと感じました。

ヴィーナス塾に通いだしたとき、実は心の中では大きな迷いがありました……。

家庭でいろんなことにぶつかって、子育てで悩んで。自分はこの先いったい、どの方向へ向かっていったらいいんだろう。何かヒントが欲しくて、いろんな自己啓発セミナーにもたびたび参加していました。

ヴィーナス塾で教えていただいたことの中でも私にとって大きかったのは、「ありのままの自分でいい」ということでした。

セミナーの中では参加したメンバーがお互いに自分のこと、自分の思いを全部表に出していきます。そしてお互いがそれをありのまま受け取って認め合います。

そんな環境ですから、自分はありのままでいいんだ、と思えたところもあったのでしょう。

それまで私は絵が好きだし、何年も描いてきたのですが、人に見せるということにはずっと抵抗がありました。

絵は自分のすべてをさらけ出すようなもので、まるで服を着ていないようなものです。その自分の裸の心を皆さんにさらけ出すことをどうしても恥ずかしく感じていました。

展覧会に絵を出品するにしても、絵にカバーをかけて持って行って、壁にかける寸前に絵のカバーを外す、そのときには、恥ずかしくて恥ずかしくて。

ところが、ヴィーナス塾の体験の中で「ありのままの自分でいい」と自分自身思うことができるようになったことで、恥ずかしいという感覚がなくなりました。「もう何百人の方、はい、見てください！　私はこういう者です！」という感じです。

たぶん、これはゴールではなく、スタートなのだと思います。表現力、発信力、表現の体力、アウトプットの思い切りや勇気。ヴィーナス塾にいる様々な人の姿を見ながら、まだまだ学んでいるところです。

想いを発信する大切さを教えてもらいました

石塚恵さん（13期生）

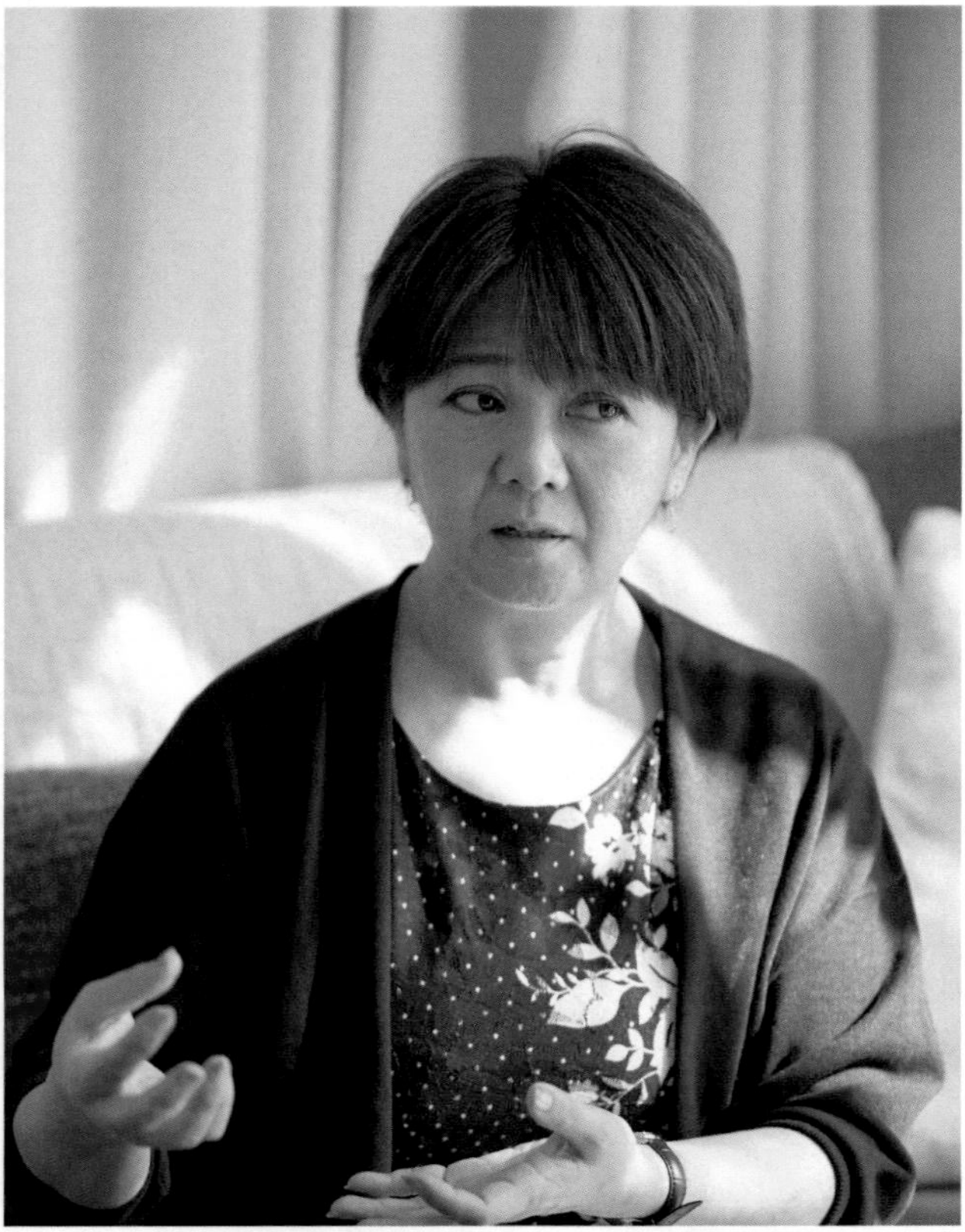

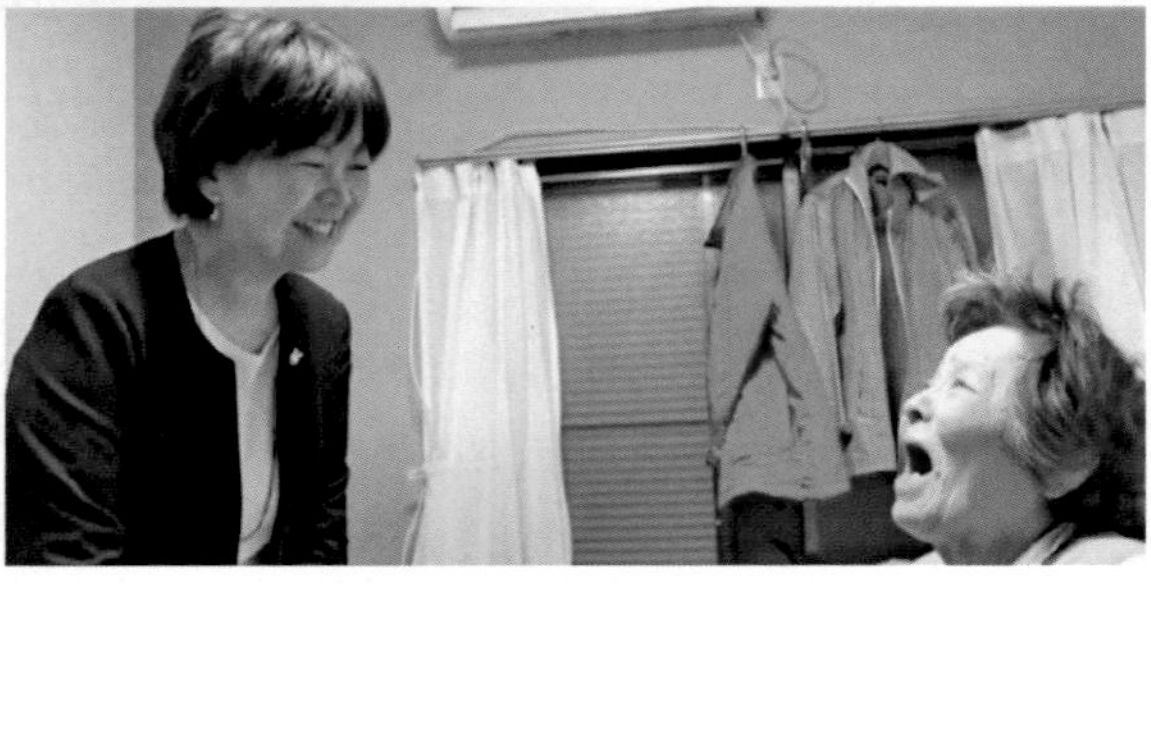

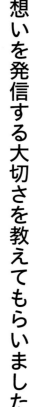

私の仕事は高齢者、母子家庭、生活困窮者などを対象とした不動産業です。ちょっと珍しい不動産屋ですよね。元々普通の不動産屋に勤めていましたが、窓口にはたくさんの高齢者や生活困窮者が訪れ、そのほとんどが門前払いとなっていました。なぜなら孤独死や家賃の滞納などのトラブルがおこるリスクが高いとされているからです。

その方達は本当に住み替えに困っているのに、当時の私は会社の方針に従うしかなく何もできず帰っていただくしかありませんでした。泣きながら帰って行く背中を見ながら「私が自分で部屋を貸してあげよう」と心に誓い、起業することにしたのです。

その頃、親の介護をしていて介護保険でまかないきれない部分をお手伝いするＮＰＯを友人と立ち上げていました。すると高齢で部屋が借りられないなど住まいの相談をたくさん受け、やはり需要があるのだと再認識をしたのです。

起業したての頃はなかなか大家さんの理解を得ることが難しかったですが、リスクにどう対応するかをきちんと説明し、物件を安全にお守りすることで収益をあげていただく。そうすれば困っている方も住まいを確保でき、私は感謝されて報酬がもらえ三方良しです。今では協力していただける大家さんは５人から40人に増えました。

ヴィーナス塾を知ったのは起業して１年ほどたった頃です。

様々なことを教えていただきましたが、とても大きかったのは自分の想いや活動を発信することの大切さを知ったことでした。

現場で困った人達に寄り添い、話を聞いて支援につなげたり住まいを提供するのは大切な仕事なのですが、人に活動の内容を伝えたりSNSなどで発信するということは後回しになっていて、なかなか周知してもらえませんでした。

ヴィーナス塾で人に伝えることの大切さを教えていただき、それをきっかけに自分の活動を発信するようになったことでご縁がつながり仲間が増え、新聞や雑誌、テレビの出演依頼も来るようになり、活動の範囲もどんどん広がることになりました。

住まいを提供するということは、様々な人達の状況を踏まえ生活の基盤を整えることになります。コロナ渦でホームレスになってしまったり、食べるものが何もない方、介護が必要なのに制度を知らない方などに臨機応変な支援を行います。NPOでフードバンクの活動もしており、命を支える食の支援も大切な活動のひとつです。

必要とされているから、力になってあげたい。こうした活動はもちろん一人ではできません。賛同し、仲間になってくれる方がいて初めて可能なのです。その仲間を見つけること、そのために想いを発信すること。その手段を教えてくれたのがヴィーナス塾でした。

初めて自分を認めてあげられた

今野紀代美さん（10期生）

私はもともと、病院で看護助手の仕事をしていました。当時（今もそうですが）病院の仕事は非常に大変で、離職率も高く、私の職場でも次々に人が辞めていきました。

実のところ自分もこの仕事がつらくて辞めたかった。でも私はシングルマザーなので、働かないと食べていけない。「だったら、どうやればこの仕事が楽しくできるだろうか?」と考え、自分が学んだことのあるコーチングのエッセンスを活用し、ここで勉強会をやったらどうだろうと思いついたのです。

結果、その病棟は、数年にわたって離職者がゼロとなりました。

どんなに大変な仕事でもチームワーク良く働ければ、皆働き甲斐を感じて楽しく働けるはず。この職場だけでなく、いろいろな仕事でも楽しく働き、幸せに暮らせるようになるためのお手伝いがしたい。私はそう考えるようになり、その後起業したのが現在の「HappyVision」という会社です。２０１６年のことでした。

実は私は15年前に離婚したのですが、それまで長い間、夫からＤＶを受けていました。結婚していた間は全く自分の意思がない生活でした。生きていくために右といわれれば右を向く、そんな生活でした。つまり自分を無にして相手の話を聞く。

ただ、今では、自分を無にするという、いわば強制的なトレーニングが、人の話を自分が無になって聞くという今の仕事に大変役立っていると思えるようになりました。

その反面、どこかで心に蓋をして我慢している自分も感じていました。時折、この蓋が開くわけです。そうするともう1ヶ月くらい泣き続けるようなこともありました。でも、泣いてばかりでは生きていけない。子どもたちも育てていかなくてはならない。辛いことは吐きだして心を整えて頑張る。その繰り返しでした。また自分のあり方が変わることで子どもとの関係も良くなっていきました。

ヴィーナス塾との出会いは、ちょうど看護助手の仕事をしながら起業を意識し始めた頃でした。起業し、仕事を伸ばしていくためのヒント、つまりマーケティングを学ぶのを目的で参加しました。でも、実際来てみると、その内容は私の期待しているものと全然違う。

しかし、セミナーを重ねていくうちに、自分のすべてが肯定されているような気持ちになってきました。私がやりたいことをそのままやっても大丈夫。どんな過去を持っていても、丸ごとそれが自分を作っている。全部が認められるような気持ちになることができました。

どんな経験であろうと、今はそのトレーニングがあったからこそ、相手に対してもその人をそのまま受け止めることができる。全て無駄ではなかった。そうはっきりと思えるようになった。初めて自分を認めてあげられた。それは本当にヴィーナス塾がきっかけだったと思います。

自分の人生の中で何が一番大事なのか

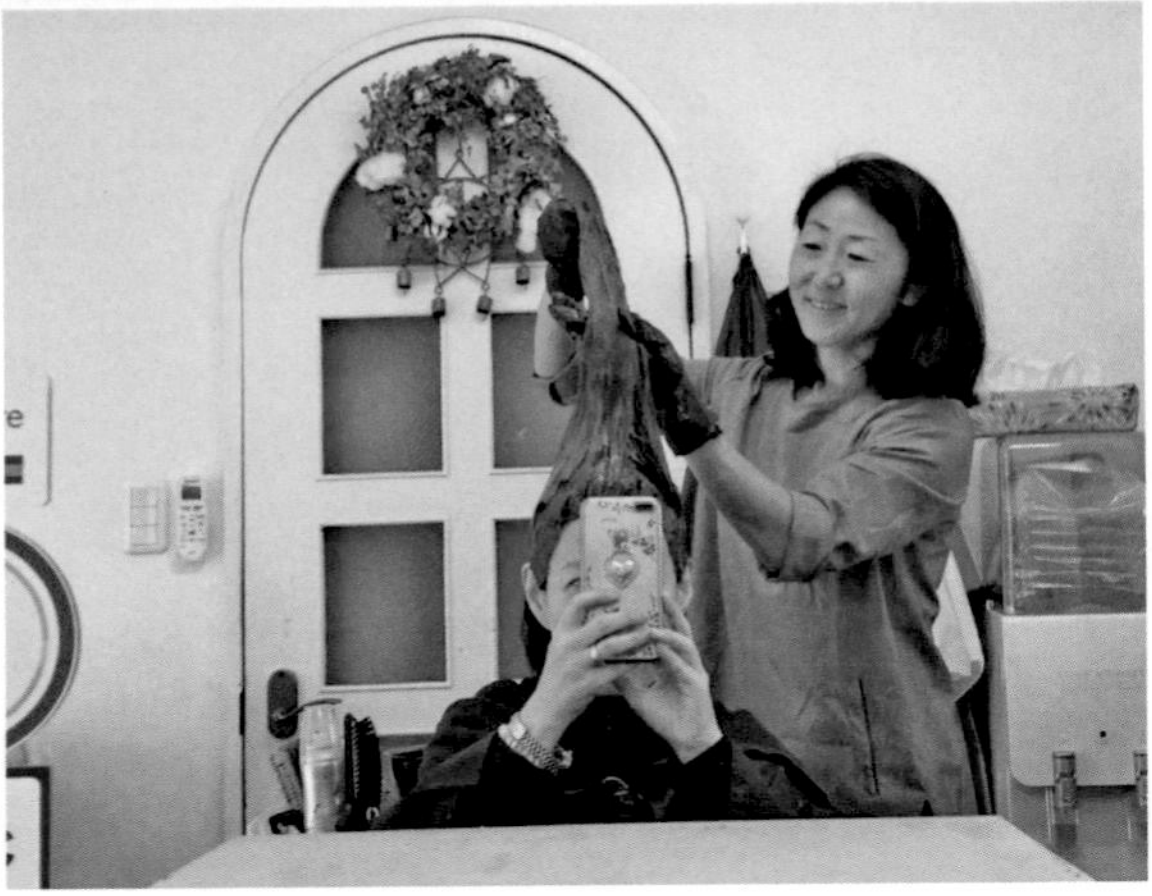

吉澤亜美さん（6期生）

ヴィーナスとの出逢いは8年ほど前だったと思います。長年かぶれや手荒れに悩まされ、それが化学物質による影響と分かり、そしてヘナと出逢ったことで、自分自身やお客様に安心安全な物を提供したいとの思いが湧きあがりました。それで自分のサロンを持ち、経営者としてどうあるべきなのかを悩み始めた頃でした。

私は鎌倉の海で育ち、1日のほとんどを海で過ごす生活でしたが、両親の離婚を機に中学卒業後、生活のために就職をすることにしました。なりたくて美容師になったわけではありませんでしたが、成り行きで導かれるように美容の道に入ることになりました。仕事をしながらでも高校に通うことができると担任の先生に導きいただき、昼間は美容室、夜は高校、通信教育で美容学校という生活が始まりました。

それから転職、結婚、出産、離婚といろいろな経験をしたのですが、産まれ持った前向き思考や受け継いで来た職人気質、人と関われるコミュニケーション力が生かされたことと、常に周りの方々に助けていただけたので今まで走り抜けてこれたように思います。

ヴィーナス塾入会のきっかけになったのが、中学の担任だった鈴木紋子先生が講師を務めていらっしゃると知り、お会いしたい思いと、興味深い講座内容ばかりでしたので、ワクワクした気持ちで入会しました。

始めの頃は自分を見つめ直し、さらけ出す（自身の棚卸し）が辛く感じた瞬間もあったのですが、そのお陰で自分の中で何が大切なのか、何を優先していくべきなのかが見えてくるようになりました。


入塾当初は再婚もして、3人の子育てをしながらいくつもの仕事を掛け持ち、その中のひとつが亜桜のサロンワークでした。ようやく持つことができた大切なお店なのに……他の仕事やシフトがありサロンの予約が思うように取れない。仕事、家事、育児、全てを懸命にこなす日々に追われてました。

けれどヴィーナスで学び、今までの人生を整理していくと、優先するべき物が見えてきました。手放す勇気を持ち、整理することで、家族への感謝の気持ちも湧いてきました。すると、気持ちがとても楽になり、いろんなことが上手く回り出してきました。相手を想う気持ちや感謝の心。自分自身を大切に想いねぎらうこと。なんとなくは分かっていたような……そのなんとなくがしっかり見えてきた感じでした。

ヴィーナスと出逢えたことでたくさんの学びと出逢いをいただきました。卒塾後も期を超えて繋がれる素晴らしい仲間を持てたことは人生の宝だと思っています。

ありがとうございました。

「自分って尊い」それをまず自分自身が認めること

鴨志田留美さん（20期生）

「ネイルガーデン」というネイルサロンを一人でやっています。以前は百貨店の中に入ったネイルサロンで働いていたのですが、そこではそれこそ時間との戦いみたいな仕事で、もうちょっとお客様ときちんと接したいという思いで自分でサロンを始めました。現在は1日3組限定でやっています。

ヴィーナス塾との出会いは、地元の起業している知人の多くがヴィーナス塾出身であったからです。それ以外あまり予備知識はありませんでした。

あとから聞くと偶然、ということのようなのですが、ヴィーナスでは期毎に同じテーマの方が集まるという傾向があり、私の参加した20期は「家族」がテーマだったような気がします。

そんな似た境遇のせいなのか、お互いに自分のことを話し、相手の話を聞いているうちに、自然に涙が出てきて、なにか戦友のような関係になり、付き合いは今も続いています。

ヴィーナス塾に参加した当時、仕事で大きな悩みがあったわけではないのですが、ちょうど父が亡くなったり、母が病気になったりで、何かちょっと自分の棚卸しをしたい、見つめ直してみたい、という気持ちもあったと思います。

お聞きした話の中で一番印象に残っているのは、後半の方の講座での馬場先生の言葉でした。それは「自分が一番尊いんだ、自分って凄いんだ」といった内容の言葉でした。自分って尊い。それをまず自分自身が認めること。みんな自分のことを過小評価してしまっている。自己否定しながら、もっと頑張んなきゃ、もっと他のことをやらなきゃと思い続けている——そんな言葉でした。

その話を伺った時に、自分の中でパンってはじけたような感じがしました。自分をそれほど尊いと思っていないから、お店もそこそこで良いと思ってしまっていたのかもしれない。もしかしたら私は凄いものを持っているかもしれないのに、出さないなんて何てもったいない。お話を聞いてそんな気持ちになりました。

「もっと自分って凄い存在だし、自信を持って、自分の思っていることって絶対にできるから、やらないでどうする?」って。あのヘレン・ケラーが「ウォーター!」と分かったときのような、どかーんという感じでした。本当に大袈裟ではなくそう思いました。

私はネットも苦手ですし、SNSも怖いものみたいなイメージがあって、自分からなにかを発信するのが苦手でした。人前でちゃんと喋ることもずっと苦手でした。

馬場先生の言葉もあったし、そもそもヴィーナス塾の皆さんは、自分の思いを皆さんに伝えることをどんどん行なっている。そんな姿を見ていると、自分のそれまでの思いが、何か違うなと思うようになりました。

おかげさまで今では、少しは人前できちんと話すことも以前ほど苦手でなくなりました。自分の当たり前だと思っていることは、実は人にとっては当たり前ではないのだと、今では伝えていくことの大切さを強く感じております。

ありがとうございました！

「家族は共に生きるチーム」それが私にとって一番大切なもの

黒沼ゆみさん（6期生）

我が家は夫婦と子ども2人の4人家族。家庭は共に育つ場であり、家族として出会った4人のメンバーは大切なソウルメイト。

私は神奈川生まれの宮城育ち。職場で同僚だった夫と結婚し、まもなく30年になります。一代で築き上げた塗装職人の父は、母とふたりで現場に出る毎日。

小学生の私は鍵っ子で、学校から帰ってもお母さんが家にいないさびしさを感じていました。

夫の勤務地の変更で、私は再び神奈川に住むことになりました。

子育て中、私が仕事に出れば家族より仕事を優先しなければならないこともたくさんあるだろうと思い、私は、専業主婦になることを選びました。故郷・宮城から神奈川へ。誰も知る人がいない環境での暮らしで子育てに没頭していきました。

生真面目な性格と内向的な資質が私を時折苦しめました。何のために生きているのかわからなくなり、家事ができずに夜を迎えたこともありました。突然涙がこぼれることもしょっちゅう。心と体のバランスを崩し、ものすごく不安定だった頃、当時8歳の下の娘が手紙をくれました。ティンカーベルの可愛いメモ用紙に、習いたての漢字とひらがなでこう書いてありました。

「自分をあいする。この言葉をわすれないで」

その手紙を読んで私は号泣しました。

子どもを育てているようで、私が子どもにたくさん育ててもらいました。


そして子育てが一段落し、社会復帰し働く喜びを20年ぶりに味わいました。妻でも母でも嫁でもない、一個人としての私の存在。それは想像以上に嬉しい喜びだったのです。そして仕事を始めて半年後、私はヴィーナス塾に出会いました。

周りはほぼ全員、女性起業家。それはそれは新鮮な空間でした。

講座で「自分にとって一番大切なものは何か」という問いに対して、いろんな答えがある中で私が出した答えは、やっぱり「家族」でした。

私がヴィーナス塾で得た一番の気づきは、「家族は共に生きるチーム」。それが私にとって一番大切なことなんだということです。


今は約9年間勤めた会社を希望退職し、幼かったふたりの子ども達は、共に社会人となり、息子は画家に、娘は保育士に……それぞれの夢を叶えました。子ども達の成長は家族の成長でもありました。

そして、海のそばでの暮らしは、美しい自然の中で「走る喜び」を私達に教えてくれました。海岸で迎える夜明けは、ブルーとオレンジの世界。日の出が近づくと、富士山とその周辺の空は優しいピンクに染まり、水平線からのぼってくる太陽はオレンジ色の光の尾を水面に落としていきます。

本当に美しい一期一会の時間です。自然が見せてくれる美しい色の世界。そして光と影。海を守るために私にできること。あと3年で60歳を迎える今。これからの自分の在り方を考える時になりました。心と体と空間を整えて、自分を愛し、目の前のあなたを愛し、幸せと喜びが循環する人生を送りたいと思います。

やりたいことはカタチになっていく

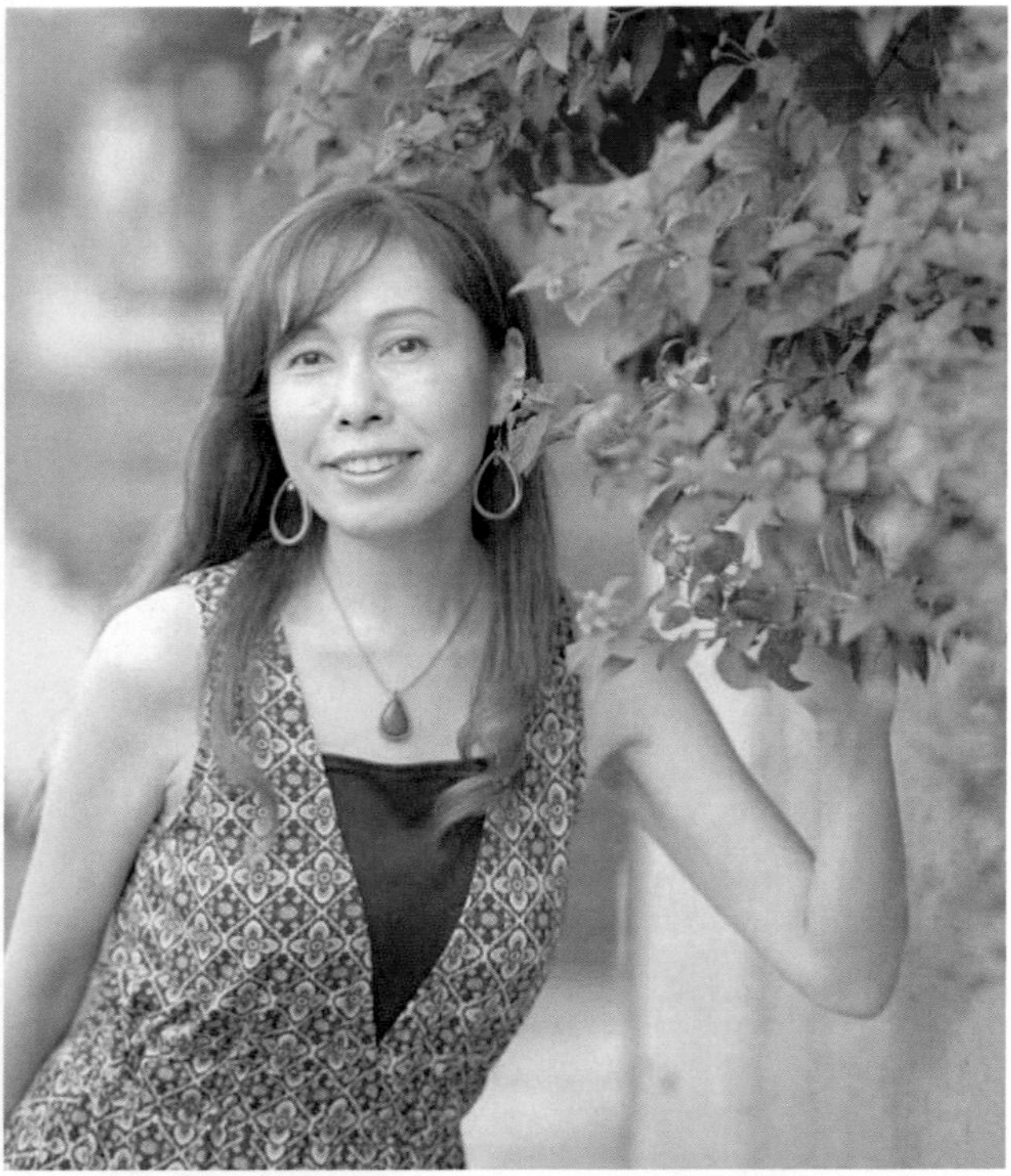

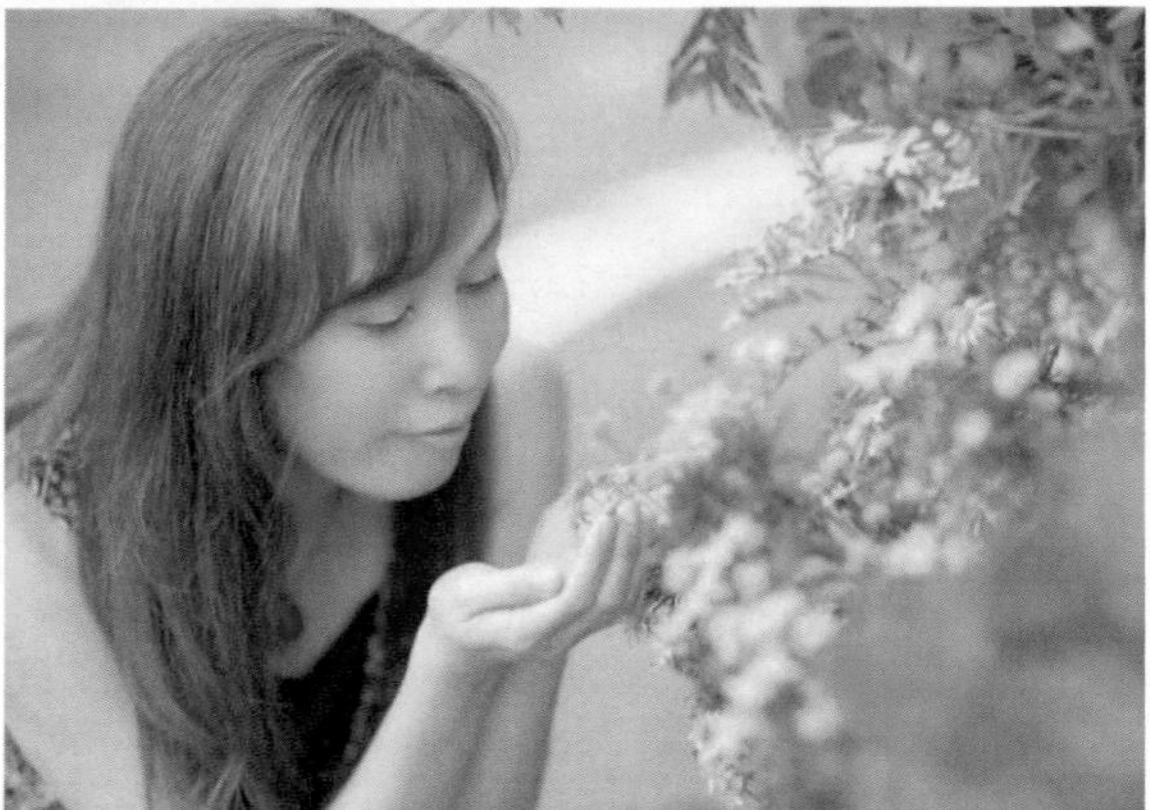

石川莉紗さん（5期生）

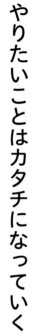

私は、フラワーエッセンス（お花の波動）をはじめ、自然界の植物を取り入れた仕事とパステル画の講師をしております。

世の中にはストレスを受けやすい人がたくさんいます。

他人と比べたり、それで孤立してしまったり、自分を追い込んでしまったり……そんな方たちを「本来の自分に戻すお手伝いをする」のが植物の力（エナジー）です。

私は10歳になるころまで、まったく人と話せない、友達もいない、内気な生活を送っていました。

親の支配下にあり、自分の意見を言うと怒られ、びくびくしながら過ごす幼少期でした。その後、成人しても、なかなか物事がうまくいかない。何をやっても壁にぶち当たってしまう。何かをやろうとすると、胸が痛く苦しくなり「これは何だろう？」と不思議でした。

そしてある方の助言で、「インナーチャイルド」つまり「幼少期の自分が心の中で叫んでる」とメッセージをいただきました。「これをまず癒していかないと今後の人生も壁にぶち当たってばかりだよ」。つまり親の存在、その時にできたトラウマ（心の傷）にずっと支配されていたわけです。

フラワーエッセンスとの出会いはそんな時期でした。フラワーエッセンスのおかげで気持ちが楽になり癒され、親の呪縛から解放されるようになりました。これを「苦しんでる方へ伝えていきたい」そう思うようになりました。

ヴィーナス塾とは、自分を癒してる過程で出会いました。参加した理由は「自分磨きをしていく方たちとの仲間づくり」という気持ちからでした。

一緒に学ばさせていただいてる時に「新しい発見」がありました。当時、フラワーエッセンスのおかげで気持ちはずいぶん楽になっていましたが、まだまだ自分は未熟で、上手に表現するようなこともあまりしていませんでした。

そんな私に自分をアピールし、仲間にも思いを伝えていくことで、「やりたいことはカタチになっていく」ということを教えてくれたのがヴィーナス塾でした。

ここでは卒業生や縁のあった方たちが、それぞれ自分のジャンルの製品や技術を持ち寄った「癒しイベント」が定期的に開催されます。

毎回声をかけていただいて参加させていただいているうちに、「自分でも何かできるのでは？」と思うようになりました。

早苗さん（小泉さん）の「どんどん挑戦したらいい」という言葉にも背中を押されました。尻込みしていた私でしたが、多くの人を巻き込んでイベントを開催するようにもなりました。

イベント準備から一人でやり、終わった時にはフラフラになり、仲間から両脇を抱えられて立ち上がる状態でしたが、勇気を出して行動すると、ステージアップする達成感。なにか自分の殻が破られて「蓋」が開いた感じがしました。

それから毎年、犬や猫の保護活動をされてる方にも声かけをして一緒に、盛大なイベント展を主催するようになりました。

魂が迷子になっていた自分はもういません。ヴィーナス塾を通して多くの仲間に支えられたことに感謝しております。

大人の女性塾ヴィーナス　講師陣より「推薦の言葉」

佐藤初女さんは「母の心はすべてに」と言われてました。
母の心は、全てに通じます
その母の心は、誰の中にも宿っています。
あなたの母の心を目覚めさせて下さい。

佐藤初女さんのおむすび講習会講師　山崎直さん

ヴィーナス女性塾の立ち上げから、人を育てることに情熱を傾けてきた小泉さん。

その一途さが周囲の人々を巻き込み、社会を変革していくのだと身を持って体感しています。

感動は人を介して次の人に伝わっていくのだろう

(株)ソローサービス代表取締役　朝カフェの会創設者　鈴木拓さん

講師のみなさん

女性のこころとからだ――自分自身を知る

（講師）いわぶちゆういち・ゆきこさん

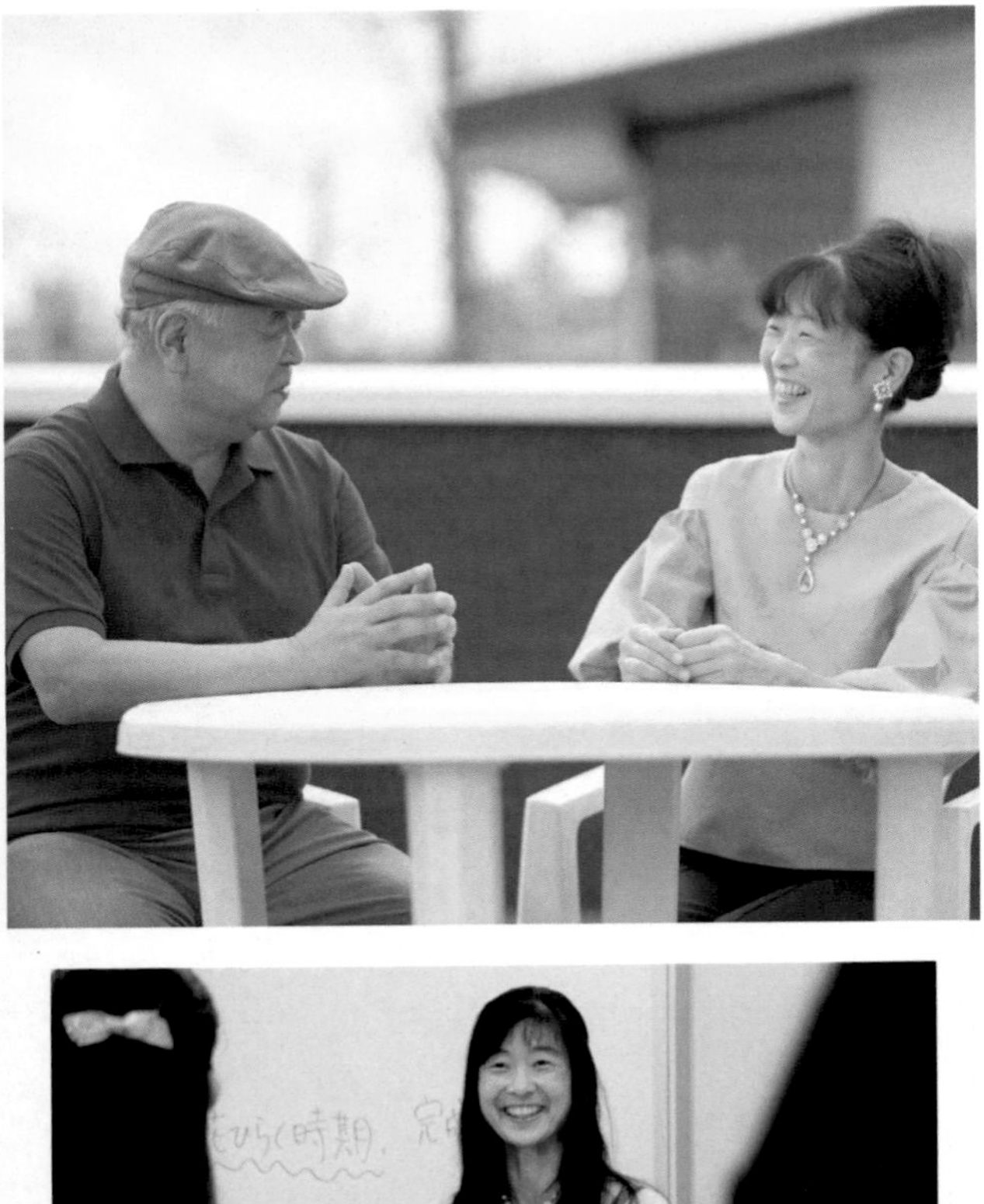

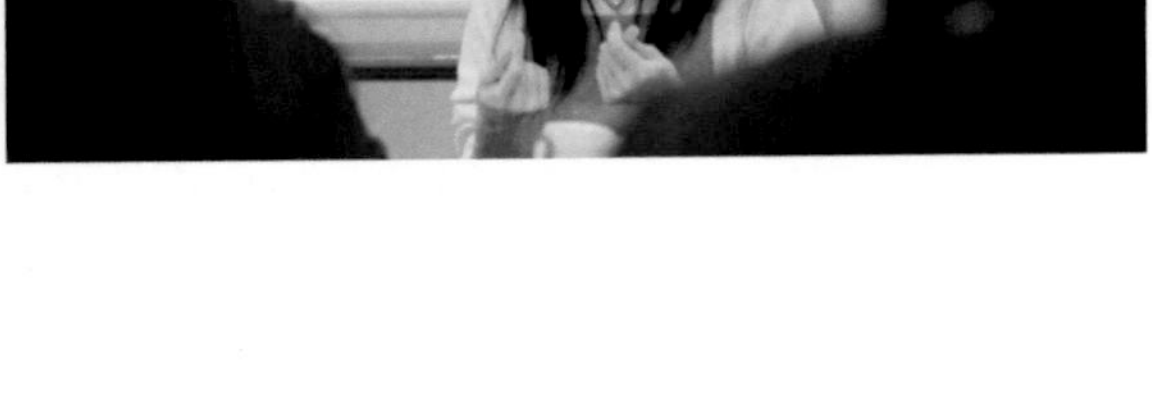

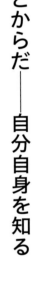

こころとからだは密接につながっています。

私たちが担当しているのは、女性のからだの仕組みを学んだり、エクササイズを楽しみながら、自分自身をより深く知り、女性としての性を大いに楽しんでいくための講座です。例えば生理の時は、ゆったり過ごすことをからだも求めています。実際、物理的にも骨盤が広がるのが生理の時期で、ゆったりと過ごすのがからだにもいいですし、こころにも良いのです。

逆に排卵の時期には骨盤が引き締まりますので、行動しやすくなります。こうした違いがあることを、自身が明確に体感するだけで「自分のペースでいいんだ」と自然に実感することができるようになります。

生理は10代のころから始まって、何十年も続きます。現在はまだ、多くの方にとって辛いのが当然と認識されていることが多いのですが、こころとからだを整えることによって、生理も心地よいものに変えていくことができるのです。

生理が心地よく過ごせると、お産も楽になりますし、人生そのものが本当に喜びに満ちてきます。ヴィーナスにお見えになる方でも、それまで本当に生理で辛い思いをされてきた方が多くいらっしゃいます。

こうした方々に「心地よくしていけますよ」とお伝えすると、涙を流して喜ばれる方もいらっしゃいます。何か大きな重荷が降りる、そんな思いなのでしょう。

女性が無理していたら、一緒にいる男性にも絶対に無理が来ます。そうすると、社会全体が無理だらけになってしまいます。いきなり社会を変えるというと大きな話になってしまいますが、まず女性が自分自身を大切にしていったら、自然と社会が変わっていく。私たちはそのように考えています。

講座では座学だけでなく、女性のからだを楽にするためのストレッチやダンス、からだを温めるためのセルフケアの方法など、実際にからだを変えていくための方法もお伝えしています。

●プロフィール
りらくぜーしょんるーむ　Ａｎｅｌａ（あーねら）
https://anela22.jimdofree.com

★いわぶちゆういち★

15年間、中学校の教師を務める（社会科、特別支援学級）。

2004年「りらくぜーしょんるーむＡｎｅｌａ（あーねら）」オープン。ヒーリング整体、カウンセリングなどの施術を提供。子どもたちが幸せな人生を送れる世の中になるには、まず大人たちが幸せで豊かな人生を送ることが大切との想いから、地元・全国からのお客さまの施術をさせていただくほか、女性や子どもの健康についてのセミナーや、レイキ・セミナー、気当て診断法講座を開催。

2013年より定期的に厚木でセラピーフェスタを開催中。

★いわぶちゆきこ★
10代より、うつや拒食・過食、無月経・無排卵の経験をして、心身のケアに目覚める。
2001年　電撃結婚。
2004年　車中出産。1児の母。
生理の講座、ダンスエクササイズ、個人セッション等を通じて、女性のこころとからだの仕組みをお伝えしたり、より楽しく、より素敵に女性を楽しむためのサポートを行う。

女性が働く現実とキャリアデザインを考える

（講師）井上訓子さん

皆さんの経験を整理することで、過去・現在・未来の自分の内面を掘り起こし〝なりたいジブン〟を創造するお手伝いをしています。

私は何を目指しているのか？――それを考えることは、今後輝く人生を歩んでいくための最初の一歩の作業です。

キャリアとは、仕事だけではなく生きること、人生そのものです。そして、欲しい未来は、ぼんやりしていては手に入れることができません。

今後の自分の人生をどうメイキングしていくのか。なるようにはなるのかもしれませんし、そのように生きている方もたくさんいらっしゃいます。しかし、自分が自分らしく、なりたいようになる、という人生を実現している方もいるのです。

なりたいようになるためには、どうすればよいのか？　そのためには今自分がどういう状態なのか？　自分は何を持っているのか？　自分の持っているリソースをどう活かしていくのか？　そして、なりたいジブンになるために、足りないものは学び吸収する。〝なりたいジブン〟になるために、「未来をイメージする」「気づいたこと、気になったことは、行動する、試してみる」ことが大事です。

例えば「お腹がすいた、何か食べたいな」と思っているだけでは何も食べることはできません。

「何か……」と考えているだけでは何を食べるかも決まりませんし、お店にも入れません。そして迷っているうちに時間が過ぎてしまいます。食べたいものを食べるため、欲しいものを手に入るためには、まず「何を食べたいのか」「何を手に入れたいのか」を明確にしましょう。ご飯だったら食べに行きたいところ、「何を食べたいのか」がはっきりすると、活動エリア内でお店を検索でき、時間・お席の予約をし、食事を楽しむことができる。〝ココロとお腹を満たす〟ことができます。〝人生の目標・希望を実現する〟ことも同じ概念です。

あなたが、今の生活・仕事で「何か違うな、こんなはずじゃない」と思うことがあるのなら、〝あなたはどうなりたいのか、どうなれたら最幸なのか〟を具体的にイメージしてみてください。「できるか、できないか」ではなく、〝なりたい〟でイメージしてみましょう。そして、〝今のあなたが持っているリソースは何か〟。あなたが目指す（希望する）ジブンになるために、〝今のジブンにない、何を手に入れたらよいのか〟を思案し、行動しましょう。

〝なりたいジブンになる！〟これは、特別な人だけができることではなく、誰にでも平等に〝その可能性〟はあります。それを実現できるか、できないかは、ジブン次第です。〝なりたいジブン〟になるために、本気なのか？　本気で行動できるか？――これが〝自己実現を果たした人〟と〝自己実現を諦めた人〟の境目だと思います。

〝なりたいジブンになる〟ことは、そんなに難しいことではないのです。〝ジブンの気持ち・思いが決め、具体的にイメージし、その実現のために行動する〟。ただ、それだけです。強い思いを持っていても、すぐには実現できないかもしれない。何年か時間を要するかもしれない。それでも、何が何でも〝なりたいジブンになる！〟――そんな強い信念と行動が、あなたが目指す・希望する人生を実現する、ことにつながります。

わたしも、19年前にこのようなお話を聴き、今、最幸に楽しい人生を過ごしております。とはいえ、〝人生掛けて目指すなりたいジブン〟は、まだまだ途中なので、皆さんと一緒に〝最・最・最幸になりたいジブン〟を目指し、経験・思案し行動します！

●プロフィール

1967年生まれ。大阪府出身、埼玉県在住。

国家資格1級キャリアコンサルティング技能士・企業研修講師・DISC®認定トレーナー。

1988年短期大学卒業後、野村證券株式会社入社、投資相談課にて店頭営業に従事。

1992年に結婚退職後、3人の子どもを出産し、7年間の専業主婦を経て、教育教材開拓営業、接客販売、サービス、配達業務、税理士事務所アシスタント等の業務を経験。18年間のPTA活動では、地元行政機関の予算を獲得し、小学校にて新事業立ち上げに携わり、企画運営、監査役を担う。

2002年にコーチングを学びセミナー講師として独立。のちにキャリアカウンセラー資格を取得し、埼玉県新規事業スターティングメンバーとして起用されたほか、株式会社リクルートキャリアに在籍し、求職者のインテーク面談を担当。近年では主に企業・大学にて企業研修、企業採用面接、就職支援にて全国で活動中。

コーチングセンスとカウンセリングスキルを活かし、クライアントおよび受講生の特質を見出し、テンポよくリズミカルでコミカルなファシリテーションが好評を得ている。

〈実績〉面談件数：26000人超／講座・研修：3500講座超

豊かなライフデザインを描くためのお金の使い方

（講師）三谷文子さん

女性にとって興味津々のお金の使い方を、ライフデザインを描きながら、活用テクニックを磨き、ライフデザインシートを一緒に完成させていくお手伝いをしています。

自分にとっての豊かさって何だろう？　講座はそんな自分への問いかけから始まります。お金のことをテーマにお話ししつつ、目標、ライフデザインを具体的に書き出していきます。

お金に関して、女性は苦手の方が多くいらっしゃいます。夢はあるけどお金の計算は苦手だからなるべく避けてきた、そういう方のほうが圧倒的に多く存在します。

男性の脳と女性の脳とはやはり異なっていて、実はお金の計算は女性が圧倒的に弱いところもあります。しかし、幸い私はファイナンシャルプランナーとして、ずっとお金のことを扱ってきました。

仕事を通して感じてきたのは、女性はいくら数字が苦手であっても、これをしっかり絡めとり現実的に落とし込んでいかないと、せっかくの夢も夢のまま終わってしまうということでした。

夢を具体的に意識し、しっかりと自分で書き出し、そのための時間を惜しまない女性はとても多くいらっしゃいます。しかしそこまで行ってもお金の計算が苦手だからなるべく避けてきたと、そういう方のほうが圧倒的に多いわけです。

例えば、受講生の中で社会的弱者への不動産仲介の会社を運営している方が、フードバンクの活動を計画していることをお聞きし、社会的な意義のある活動ということでクラウドファンディングの活用をお話ししたところ、即実行されたことがありました。それぞれのフィールドで活躍されている方が、同じ場に集い学ぶ中で、新たなきっかけやご縁が繋がることはとても素敵なことだと思います。

この講座では、夢を夢に終わらせず、具体的に実現していくための課題整理の方法もお伝えしています。

例えば目標管理の方法もその一つ。これは以前、メジャーの大谷翔平選手がドラフト1位になるために作成した話が有名です。どんどん夢を分解していって、具体的な作業にまで落とし込んでいく、そんな方法です。

例えば会社をやるためには人脈が必要。では、人脈を作るためにはどのような方法があるのか。紹介してもらうという方法があるなら、さらに紹介してもらえるためには何をしたらいいのか。このようにどんどん分解していきます。夢は分解していくことで具体的な行動となります。具体的な行動が分かれば、女性にはどんどん進めていく力があります。

つまり夢を具現化していくためのお手伝い。具体的な活動をスタートさせていくための最初の作業を一緒に行なっていくのです。

●プロフィール

ＮＰＯ法人ひさし総合教育研究所理事長・産業カウンセラー・ファイナンシャルプランナー。

２００７年　託児付講座☆mama's room　ぴっぷ～p・i・pを立ち上げる。ＳＮＳで１０００名超のコミュニティとなる。託児付で子育て中のママが参加できるように様々な講座やイベントの企画運営を行う。女性の起業スクール、サロンを開始。

２０１０年　一般社団法人日本ライフデザインプロデュース協会を立ち上げ、女性のライフデザイン講座・女性向け各種スクールを開始。

２０１１年　ＮＰＯ法人ひさし総合教育研究所理事に就任。行政との協働事業で子育て支援者向け講座等開催。

２０１３年　わくわく親子フェスタ＠つるみ開催をきっかけに日本理化学工業株式会社との協働事業、キットパスアートインストラクター制度スタート。

２０１４年から障がい者の就労支援にあたり、産業カウンセラーとして精神障がいの方の就業定着支援に携わる。

２０１８年　日本テキスタイルプロジェクトを開始
２０１９年　現在全国に３、０００名を越えるキットパスアートインストラクターが誕生。
２０２０年　ＮＰＯ法人ひさし総合教育研究所理事長就任。

自分を知り、仲間を知る！

（講師）松尾義一さん

生きることの意味や人生の答えを探してきました。

これまで身体に刻んできた集大成（4つの意識と3つの命題）は、あなたを変える機会になり得ます。そのための学びを提供しています。

ただし、大きな問いですから闇雲に探しても、その答えは簡単には見つかりません。

そこで、マヤ暦やホロスコープなどのツールを通じて、自分（個性・バランス・リズム）を知り、仲間との違いを知ります。知ることは、活かすために必要な要素です。

そして、お互いを活かし合うことが大事なのです。

世の中では、外側からアプローチして見えない内側を探るものが多く存在しています。しかし、内側を見つめて、そこからアプローチすることも必要です。内側にいる自分を知ることで、多くのことが分かります。

人の関係の持ち方や生き辛さ、問題・課題との向き合い方など、あなたのその傾向が心の中のどんなこととつながっているのか……、あるいは、他者や社会のどんなことに影響を受けているのか……。それを発見し、理解することで、切り替えることもでき、もっと生きやすい自分につなげていくことができます。

例えば、世の中には感覚（右脳）と思考（左脳）が不一致な方が多いです。

思考と感覚はそれぞれ相反するものなのですが、この相反するものを一つにしていく……

調和させていくことが大事です。

ちょっと抽象的な表現ですが、これが私の行なっていることです。


呼吸などは、分かりやすい例かもしれません。

人は、息を吐くのと吸うのは同じ量が必要です。吸うことばかりが強くなれば、バランスが崩れて苦しくなります。

人生もこれと同じです。吐く分と吸う分を等分にしなければバランスが崩れます。これがバランスです。

そして、リズムも上手く取らないとやっぱり調和がとれません。

ですから吐くほうが良いとか、吸う方が良いとか悪いといった話ではないのです。思考と感覚もまさにこのバランスが必要なのです。

この世の全てはそういう二元性、相反するもののバランスとリズムで成り立っているので、その調和の取り方をどうするか？

皆さんそれぞれ調和の取り方が違うなかで、いかに調和をとっていくのか。このバランスが取れて一つになった時、調和が生まれるわけです。

では、そのバランスを崩してしまっている原因は何なのか。

例えば何かの原因で心に堅く蓋をしてしまっている方もいらっしゃいます。その蓋の下に押し込んでいる本当の自分の気持ちを、マヤ暦やホロスコープをツールに使い、光を当てるわけです。原因が分かることで、バランスを取り戻すきっかけをつかんでくれる方もいます。どんなことであっても必ず答えはあります。そして、答えは必ず皆さんの心の中にあります。

その蓋を自ら開けて、答えを取り出すお手伝いをさせていただいています。

●プロフィール

COCOBRI協会代表。愛知県の精神科救急システムの中核病院において、看護師として20年間勤務。発達障害、薬物依存、人格障害、うつ病、統合失調症などの重度な患者様の看護から、警察、刑務所、入管からまわってくる患者様の看護まで関わる。

人間の心の崩壊から回復まで臨床経験を積み重ねる中で、深層心理や潜在意識への関わりが必要と感じて、ヒプノセラピー、ブリーフセラピーなど学ぶ。現在は、病院・クリニック・デイケアを経て、訪問看護ステーションあやめ厚木に所属。医療の枠を超え、人生の答えを手に入れるためのお手伝いをしている。

「ねぎらい」こそが輝く女性の源泉

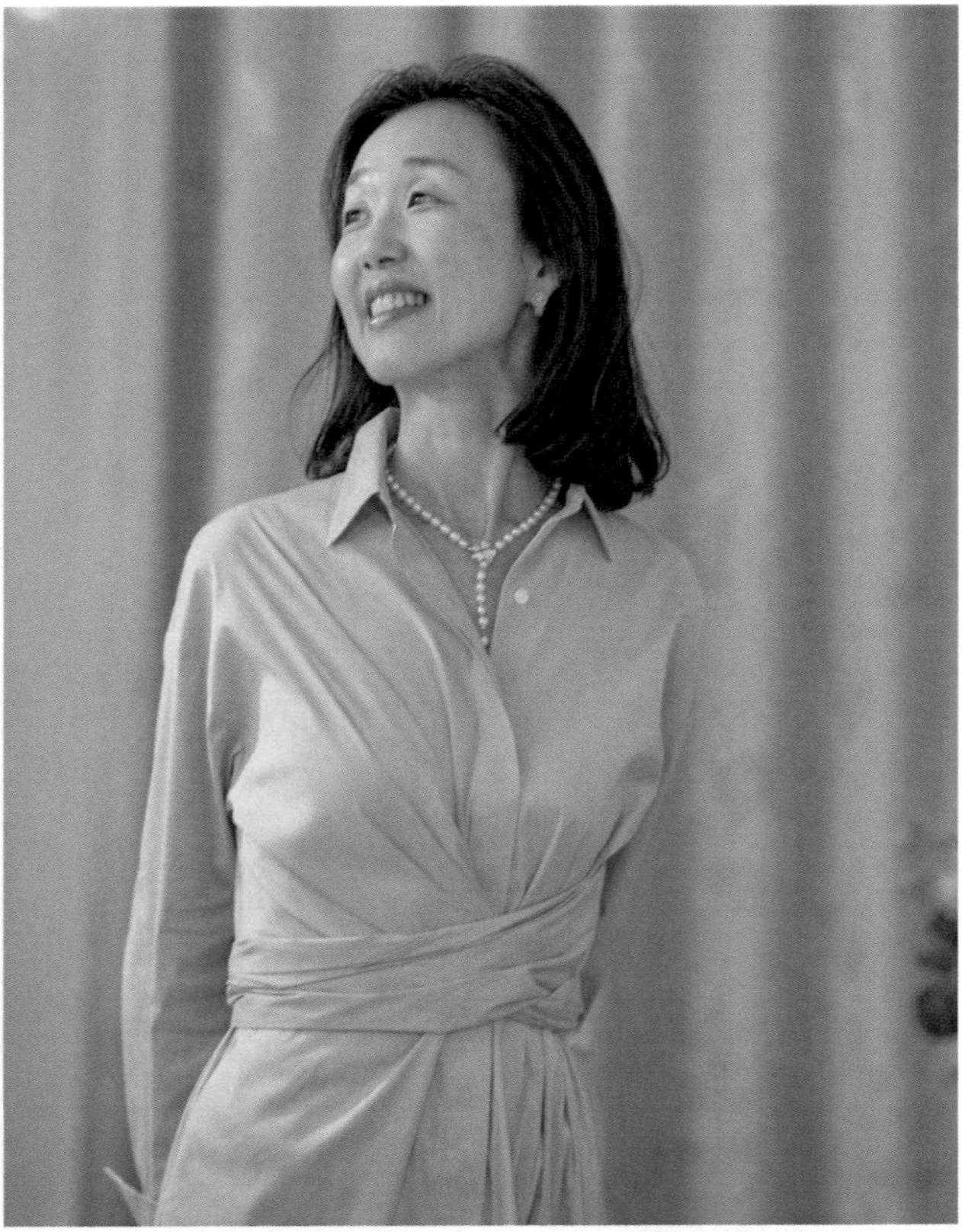

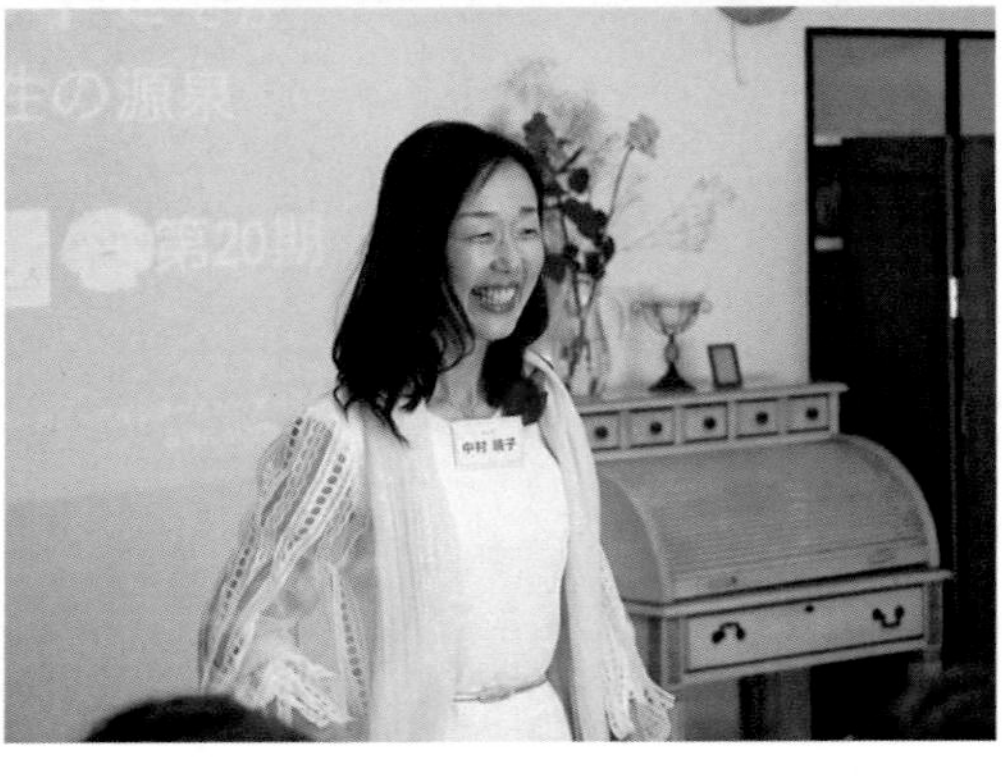

（講師）中村暁子さん

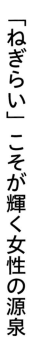

私はある先生の指導をきっかけに「ねぎらい」から始まる「幸せの道づくり」の活動に取り組んでいます。

人生は人それぞれその歩みの中で、良い時も悪い時もあります。でもそれが全て「今」に繋がっているのだと思います。私の活動では皆さんにこれまで歩んできた道を語っていただき、それらの出来事が、辛くても、楽しくても、小さなことでも、そこでの経験やそこで自分が感じた想い一つひとつが、全て「今の自分の糧」になっている。そのことへの気付き、そしてその繋がりを自分自身が客観的に整理し認識することで、頑張ってきた自分を「ねぎらう」。そのお手伝いをしています。

この自分「ねぎらい」ワークセッションは複数のメンバー参加で行います。初めて会った皆さま方がそれぞれのねぎらいを共有し、共に心を整えていただくことを目的としています。

私は看護師ですが、日頃、仕事として同じ看護師さんの心のケアもしています。看護師は自分に意識を向けることよりも患者様に意識を向け、無意識に過分に自己を犠牲にしてしまう傾向があります。中には自分を大切にする気持ちを忘れてしまっていたり、それが過ぎると精神的に疲弊し、心が空っぽになっていく人もいらっしゃいます。その気付きを手助けし、自分を満たしてこそ良い仕事、良い看護ができるという考えと実践を広めたいと思っています。

看護師に限らず女性は家庭や社会の中で、人のために生き、つい自分をないがしろにしてしまう傾向があると思っています。

自分をねぎらう、自分のために何かをするということは、きっかけがないとなかなかできないものです。

私は、ヴィーナスに参加する女性の皆さんにも、初めに「自分をねぎらう」大切さを講座でお伝えしています。

自分がこれまでやってきたこと。出会った方々。素晴らしかったことやつらかったこと。これらをまるごと肯定し、その経験が今の自分を作り上げていると理解する。

そんなワークを通じ、自分を「ねぎらい」、今日、そして明日からの活力に繋げ、よりイキイキ働ける仲間を増やせれば幸せだなと思っています。

●プロフィール

京都府出身。B.K.K代表　ナースコーチ

ナースとして大学病院で15年以上手術室や病棟で看護に携わり、主任として看護学生や新

人ナース、スタッフ教育に関わる。

看護学生の頑張りに感動したことをきっかけに、看護学生を応援したい、味方になりたい、一人ひとりが目指す看護師になれるように関わりたいと思い、臨床指導に取り組む。

その中でコーチングやＮＬＰを学び、また兼重日奈子氏から教わった「ねぎらい」に感動し、看護師以外の方にも「ねぎらい」を届けたいと思い活動を始める。

貴女の魂と出逢うために（声診断）

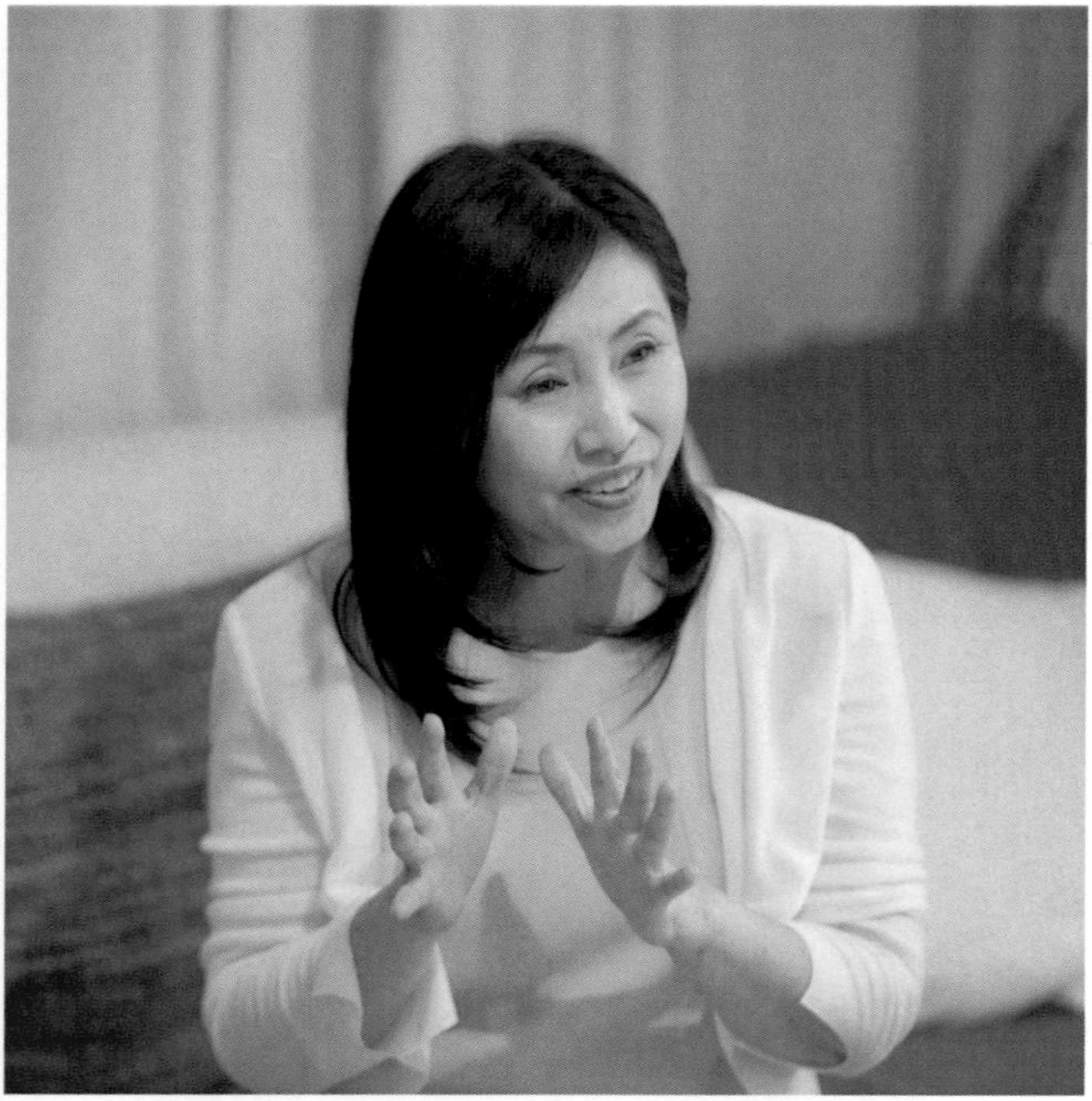

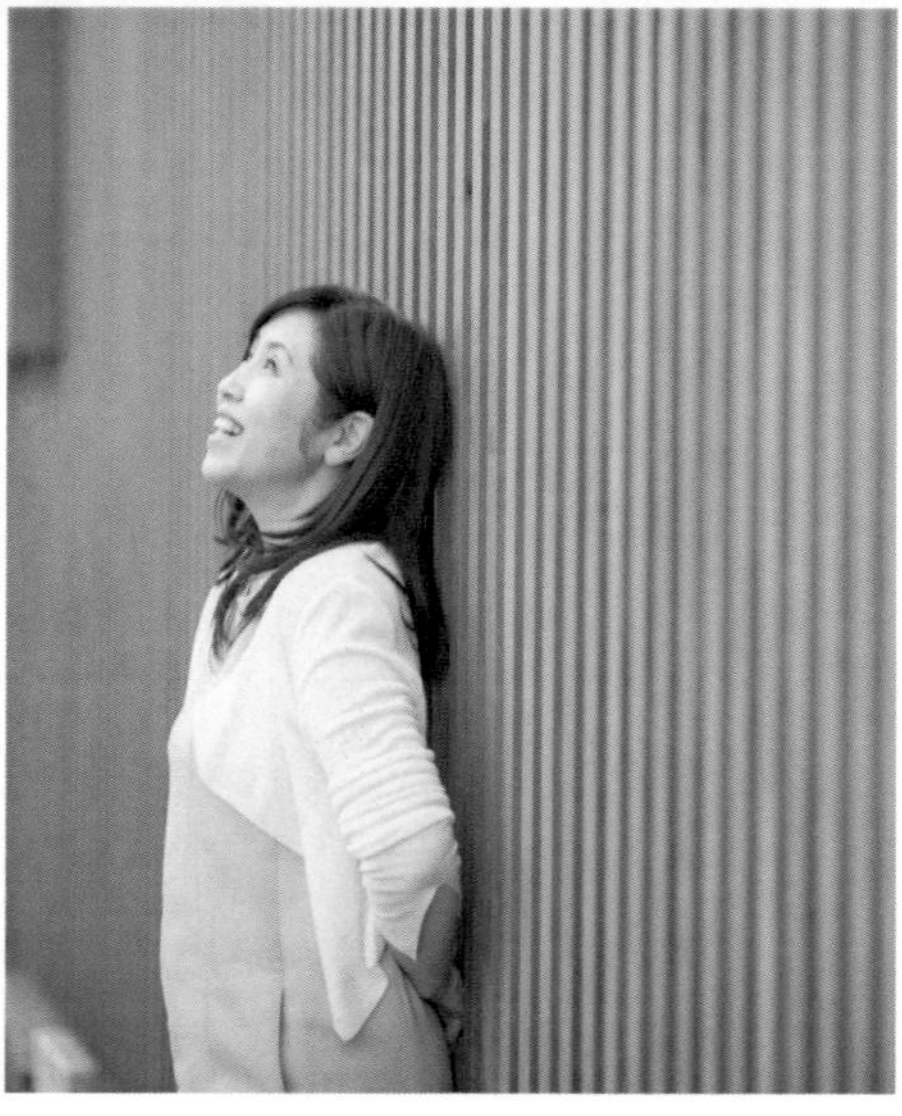

（講師）中島由美子さん

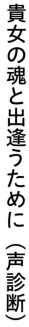

貴女の声は、貴女のエネルギーと深く関係しています。声からあなたの内面を診断することで、本当の自分に出会うことができます。

私はこれまで音階と人の心の関係性、人の内面、真理について16年間研究し、2万人以上の方々を見てきました。その方々の声を診断する中で、声と心の関係性を追求してきました。

この研究を生かし、ヴィーナスに参加された方一人一人の声を診断することで、本当に自分が望んでいることを知ることもできます。

時に皆さんが頭で思っている自分と、心の深いところにある本当の自分が違う場合もあります。

皆さんは、この声の波形をとることによって、自分の中に潜在していた自分の声、思いに出会うことができます。

「自分の中で知りたいことは何ですか？」——これは声のサンプリングをとるときの質問です。答えは参加者によって実に様々です。

家のこと、家庭がうまくいっていないのだけれど、どうしたらよいのか。

この先、どのように働いていったらよいのか。

何かやりたいという気持ちがあるのだけれど、何をやっていいのか分からない。そんな答えもあります。

答えは必ずしも言葉でなくても構いません。旦那さんが嫌いでしょうがない。例えばそのお気持ちを何でもいいから「あーーー」といった声にしてください。

この音声によって、その方の心の状態が今どうなっているのかが分かります。

例えば「自分は旦那さんに共感を求めていたけど、求めるより前にまずは自分が共感すべきだった」といったことも、音声から導き出すことができます。それこそ自分でも分からなかった自分の中の思いです。


音声によって導き出された自分の気持ちを目の前にすると、みなさん「そうそう、それ」とパッと明るくなられます。もやもやしていた気持ちに初めて答えが見つかったような思いなのでしょう。

なぜこんな気持ちになっていたのか、自分は本当はどうしたかったのか。本当の自分に出逢うと、人は気持ちが前向きになり、問題を解決するための行動に移ることができます。

そして本当の自分とは、かけがえのない自分そのもの、魂です。本当の自分と出会うことで、これからの生き方も大きく変わっていきます。

●プロフィール

一般社団法人日本声診断協会代表理事。

20年以上にわたり、人の声と心理との関係について探求しながら、式典・イベント司会など声にかかわる仕事に携わる。

声の研究と実践を通して「声から自分を知る哲学」を独自に開発。人の話し方や声の響きなどから、その人の才能や潜在能力を読み取り、隠された能力を引き出す指導を実施する。

平成13年頃より声分析を学び、声の周波数分析による心理分析を研究。その理論と自身の経験を通じて、人の話し方や声の響きなどから、その人の才能や潜在能力を読み取り、隠れた能力を引き出す指導方法を確立する。

これまで7000人以上にヴォイスカウンセリングを行い、カウンセリング時間は1万時間を超える。

理念／自分軸の必要性とその在り方

（講師）藤井啓人さん

企業も人も、明確な理念、すなわち軸を持つことが、ビジネスや人生においてとても重要です。理念とは、企業や人にとって核となる考え方であり、将来を決定づけるとても大切なものです。

私のパートでは、理念を企業活動に生かすことによってユニークな企業文化を創造し、社会に素晴らしい価値を提供することに成功している3つの企業の例をご紹介していきます。その在り方は、それぞれに大きな特徴があります。

幸せを届けるという企業理念を持ち、まず社員が、自分たちが幸せになることを考える会社。事業活動を通じて、環境を改善し、地球を再生していくという強い信念を抱く会社。そして、その両面を取り込み、地域社会の活性化に成功している会社。3社の共通点は、働く人の幸せと、お客様や地域社会の幸せを同時に成立させている点です。そこで社員たちが、どのような想いを持ってお客様に向き合っているのか。あるいは世の中に新しい価値を生み出すために、一致団結し取り組んでいる姿などです。お話しするのはすべて、今も存続している企業の事例で、本当にあった話です。

これらの事例をお話しすると、それは企業だけの話ではなく、自分自身もこうありたい、という人の生き方に繋がっていきます。これまで受講した各講座のテーマともつながってい き、驚きが生まれます。そして改めて「これが自分の軸なんだ」ということに気付くきっかけにもなっています。実際にどのような企業を目指すべきなのか、特に起業をお考えの方々には、観念的な話ではなく、とても参考になるのではないかと思います。

また、個人の方も、誰もが「自分という会社」を経営していると考えています。会社としての自分の基本理念をどのようにするのか、自分がどうありたいのか、そして社会に対してどのように貢献したいのか？　こうしたことをしっかり持つことで自分の将来を変えていくことができるのです。

この塾での学びによって、多くの気付きを得ることで、自分で何かを始め、そして人生を切り開いていくための一つの指針にしていただければと思います。

●プロフィール

「企業と人の可能性を引き出し、その先の未来を創るライフ・リデザイン&コーチング&ファシリテイティングカンパニー」カングロ㈱代表。持続可能な地域社会の実現のために人間本来の役割を思い出すためのあらゆる「体験」の場と学びの機会を提供。年間2000名を超える企業人や学生に、様々な視点による講座やセミナー、ワークショップ、塾、国内外の視察ツアーなどを企画・開催している。

「実現力」養成講座～ココロのダイヤモンド磨き～

（講師）馬場真一さん

大前提のお話として、「人は生まれながらにダイヤモンドである」、「人には良知良能がすでに備わった状態で生まれてくる」ということを共有させていただいています。

人には自己発見したり、改善していく学習能力も内在しています。

実際に日々の生活の中においても、目の前の人や、目の前の現象・事実との出会いを借りて、自分自身の傾向やクセ、盲点に気づき、自らを改めていくことができます。

これは自分自身を〝変える〟というより〝取り戻す〟という表現の仕方の方が適切だと考えています。

また、「ダイヤモンドはダイヤモンドで磨く」とも言います。

単なる仲良しこよしのグループではなく、自立心を追求する者たちが、ある目的・目標を共有し、相互支援の関係が深まり、互いの成果を喜び合える存在へと発展させていくことができます。これをチームといいます。

また、僕自身〝メンタルマネジメント〟、という言葉を使いますが、つまり自分自身について管理・運営をしていくことができるような心の在り方を皆さんにお伝えしています。

いわゆる、マネジメントといえば、会社の経営者は組織全体の、マネジャーはチームの管理・運営をします。これらの管理運営能力のことをマネジメント能力といいますね。

ただ、個人的には、こういったリーダーをはじめとした、社会的にも責任のあるポジションの方々だけではなく、たとえ立場が新人であっても、パートであっても、主婦であっても、自分の人生における人生の管理・運営責任者であり、最高経営責任者ともいえるのではないでしょうか。

そのようなことに自覚し、気づいて、実践していくことで、「自立心」は高まっていきます。

「自立心」が養われると、それに伴い、ごちゃごちゃしている状態についても、整理して考え直すことで、「心のスリム化」を図ることができるのです。

例えば目的（ゴール設定）や目標を決めるとき、それが目的なのか目標なのかを改めて問います。

往々にして、人は目標を目的と取り違え、目標のために暮らしているようなケースが多く存在します。例えば、会議のための会議、議論のための議論もそうです。

目先の目標は、それなりにモチベーションも上げてくれます。ただそれは往々にして感情に左右されている場合が多いように思います。

これは決して悪いことではないのですが、「そもそも、目標の先にある目的って何なのだろう?」と考えることが必要なのです。

そうなると、目標はただの手段であり、本当は目的のためにあるはずなのに、いつの間にか目先の目標に振り回されていないか（手段の目的化現象）。この講座では皆さんに、さらに深掘りしていただき、あらためて、皆さんが本当はどこに向かうかを導き出していくお手伝いができたらと思います。

さらに具体的にいうと、例えば、「起業すること」は目的と思いがちですが、実は手段にすぎません。会社を起業することで何を実現したいのか。それが目的であるはずです。

私はこれをシンプルに捉えなおすことで、心の耕地整理をしていただければと考えています。それが何のためのものなのか、そこが押さえられていないと、迷ってばかりということになってしまいます。

今後、事を成していく前の、〝在り方〟を整えながら、自分の生き方に沿った働き方をするのが私は一番大切なことではないかと考えています。

もちろん先に申し上げた通り、起業することが全てではありませんし、個人であっても、目的に向かう生き方は大切です。

あらためて、自分の人生の最高経営責任者は、紛れもなく自分自身なのです。その心が決まると、あなたの未来が必然的に変わっていくことを共有できる、そんな素敵な場にしていきたい気持ちでいっぱいです。

●プロフィール

株式会社re・sort　代表取締役／メンタルトレーナー

メンタルトレーナーとして教壇に立つこと3000回を数え、月間130人以上に及ぶパーソナルセッションを31年間継続。セッション累計は4、800回超。13、000人以上を個別に担当し、クライアントと向き合った時間は50、000時間以上という、他に類をみない圧倒的経験値を有する。

人の活力にフォーカスした持続可能な社会づくり、「心の在り方」に沿った生き方を推奨している。

あとがき

喜びの祝福
母の子宮は温い
思い出して
何をしたかった
始まりは探す心

この一冊の本を読んでくださりましたご縁に、感謝致します。
どの時代、性別、人種、年代、背景……どんな条件も関係なく誰もが共有できる
喜びの心を、この一冊の本で表現することができました。
人は自分が生きる意味を知ると喜びに溢れます。
この一冊の本と出逢ってくださった皆様の未来が、そして皆様と関わる全ての人達や
これから出逢う人達の未来が……
どうか喜びに満ち溢れますように祈っております。

●本の作成にご協力くださった皆様、感謝致します。
表紙カバー画　中山智介
撮影　山本ヒロシ
出版資金を支援してくださったクラウドファンディング参加の皆様
（株）ダイシングランドスタッフ
大人の女性塾ヴィーナス講師陣・塾生の皆様
本制作に関わる全ての皆様

２０２１年３月

小泉早苗

小泉早苗（こいずみ　さなえ）

株式会社ダイシングランド代表取締役
ダイシン和楽株式会社代表取締役
大人の女性塾「ヴィーナス」代表
男性リーダーの学び場「新武士道経営塾」代表
動画スタジオ☆オアシス代表
昭和50年に創業、神奈川県央地域にて求人折込紙の発行、学び場プロデュース、動画スタジオ運営を展開している㈱ダイシングランドの３代目社長。
グループ会社であるダイシン和楽㈱を求職者向けセミナー会社として立ち上げる。
「自分を偽らない生き方スタイル」が喜びの表現となり、その喜びの笑顔が人の心を和ませ、温め、そして魅了する。
離婚、仕事と子育ての両立、女性の社会進出、自分らしい働き方、自己ブランディング、自分磨き、家族経営、組織づくり、理念づくり、社員教育など幅広いテーマから「幸福度を深める生き方」を引き出し、人生が好転するキッカケづくりの手法には定評がある。

大人の女性塾

VENUS ヴィーナス

21期生のカリキュラム
《2019年11月6日～2020年2月12日》

「ねぎらい」こそが 輝く女性の源泉	講師 B.K.K 中村 暁子	いつも頑張っている貴女とヴィーナス塾との出逢いに感謝！貴女の歩んできた道のりに感謝！ 「ねぎらい」から始まる幸せの道づくりの効果を知る
受け継れる想い　母の心	講師 森のこもれび 初女さんのおむすび講習会講師 山崎 直	忍びがたきを忍び　許しがたきを許し あたたかい太陽を思わせる優しい言葉 冬のきびしい寒さにも値する愛情ある助言 慈しみの雨のように涙を流して共感する なごやかな風を思わせる雰囲気 それが愛　愛とは母の心　　佐藤初女
女性が働く現実とキャリアデザインを考える！	講師 国家資格1級キャリアコンサルティング技能士（指導者レベル）／ DiSC® 認定トレーナー 井上 訓子	あなたの経験を整理して、過去・現在・未来の自分の内面を掘り起こしてみましょう！ 私は何をしたいのか？に近づく第一歩です。
女性のこころとからだ・・・ 自分自身を知る♪	講師 りらくぜーしょんるーむ Anela いわぶち ゆういち ゆきこ	こころとからだは、密接につながっています。 女性のからだのしくみを学んだり、エクササイズを楽しみながら、より自分自身を深く知り、女性としての性を、おおいに楽しみましょう～♪
食は豊かな人生への入り口	講師 食と生き方のつながりを提案する ヴィーナス塾生の会 ヴィーナス食堂	心と身体が喜ぶ食事は、家庭や社会そして貴女の明るい未来を創造します。 自然界が生みだす調和の摂理を自分の身体に取り入れ、健康的な生き方とは！を、皆さんで語り合いましょう。
自分を知り、仲間を知る！	講師 COCOBRI　代表 松尾 義一	マヤ暦・ホロスコープ etc のツールから 自分を知り、自分の心を育て、 仲間との調和を図り活かし合うことを知る
貴女の自分軸と出逢う （声診断）	講師 一般社団法人 日本声診断協会 代表理事 中島 由美子	貴女の声は貴女のエネルギーから生まれています！声診断で自分の強みを磨きましょう。 貴女が納得出来る体験がきっと出来ます！
「実現力」養成講座 ココロのダイヤモンド磨き	講師 株式会社 re・sort 代表／ メンタルトレーナー 馬場 真一	自らの本質を知り、「心の在り方」を深めて 生き方を進化させていく。
IT の基礎知識講座 ～ソーシャルメディアから業務管理まで～	講師 （株）ソローサービス 代表取締役 鈴木 拓	ソーシャルメディア（ツイッター、FB）を使った集客方法から、会計、顧客、販売、管理までの基礎中の基礎を学びます。
豊かなライフデザインを 描く為のお金の使い方	講師 NPO 法人ひさし総合教育研究所 理事長 産業カウンセラー ファイナンシャルプランナー 三谷 文子	女性にとって興味津々のお金の使い方を ライフデザインを描きながら、活用テクを 磨き、ライフデザインシートを完成させる。
理念（自分軸）の 必要性と作り方	講師 カングロ株式会社 代表取締役 藤井 啓人	自分軸＝理念が明確であることがビジネスや人生において、幸せをつかむポイントです。理念実績で明るい未来創りを構築されている日本と世界の企業を紹介します。
輝く未来計画の発表	講師一同 卒塾生（自由参加）	貴女がなりたい自分に近づく為のヴィーナス塾での気づきやビジネス計画を自己表現する再スタートの始まり記念日!!

喜びの連鎖　Pay it forward　～未来へ送る言葉～

2021年 3月 3日　　初版発行

著者　小泉　早苗

発行所　株式会社日本経営センター

発売所　株式会社　三恵社
〒462-0056 愛知県名古屋市北区中丸町2-24-1
TEL 052(915)5211
FAX 052(915)5019
URL http://www.sankeisha.com

乱丁・落丁の場合はお取替えいたします。

ISBN978-4-86693-440-2